ठलुआ क्लब

फिर निराशा क्यों ?

ठलुआ क्लब

फिर निराशा क्यों ?

बाबू गुलाब राय

संपादक

मुंशी प्रेमचंद

प्रतिभा प्रतिष्ठान, नई दिल्ली

प्रकाशक : **प्रतिभा प्रतिष्ठान**

694–बी, (नियर अजय मार्केट) चावड़ी बाजार, दिल्ली–110006
 / संस्करण : 2025 / मूल्य : तीन सौ रुपए

मुद्रक : श्री साई प्रिंटर्स, साहिबाबाद ISBN 978-93-86001-55-9

THALUA CLUB and PHIR NIRASHA KYON?

by Shri Babu Gulab Rai ₹ 300.00

Published by **PRATIBHA PRATISHTHAN**

694-B, (Near Ajay Market) Chawri Bazar, Delhi-110006

जिसके प्रगाढ़ प्रेमालिंगन ने मेरे सब कायिक
मानसिक दुःखों को क्षण में भुलाया,
जिसके सुख-स्पर्श ने मेरी प्रतिभा-कुमुदिनी को
नयनाभिराम राकेशवत् खिलाया,
जिसके नित्य निरंतर मधुर मौग्ध प्रेम प्रमोद ने किसी
के कोमल हृदय को ईर्षाग्नि में नहीं जलाया,
जिसके अनुपम सहनशील स्वभाव ने अपनी
अतुल क्षमा द्वारा सबका मन लुभाया,
जिसके सौहार्द भाव ने मेरे जीवन के गूढातिगूढ
रहस्यों को मूकता के आवरण में छिपाया,
जिसके नेत्र निमीलनकारी प्रेम-मद ने मुझे
सुख और शांति की गाढ़ निद्रा में सुलाया,
उसी भूत, भविष्यत् और वर्तमान काल की एकमात्र
आश्रयदात्री मेरे सुख-दुःख की चिरसंगिनी
परम प्रेयसी
शय्या को
सादर सस्नेह समर्पित

भूमिका

यह 'ठलुआ क्लब' का भव्य-भवन निराधार न रह जावे और उपयोगिता की तीव्र आँधी में यह परम-रम्य आश्रय-स्थान टूट-फूटकर गिर न पड़े, इसी निमित्त भूमिका लिखने का कष्ट करना पड़ता है। अनुपयोगिता के संबंध में स्वयं कुछ न कहकर कवि-सम्राट् रवींद्रनाथ टैगोर के 'पंचभूत' नामक ग्रंथ से थोड़ी सी पंक्तियाँ उद्धृत किए देता हूँ—

'यदि सच बात पूछो तो जो अनावश्यक है, वही मनुष्य के लिए आवश्यक है। जिससे कुछ काम निकले, मतलब गँठे, पेट भरे, मनुष्य सदा ही उससे घृणा करता है। इसीलिए भारतीय ऋषियों ने भूख-प्यास, सर्दी-गरमी को एक बार ही उड़ाकर मनुष्यत्व की स्वाधीनता का प्रचार किया है। किसी बाहरी वस्तु का नितांत प्रयोजनीय होना जीवात्मा के लिए अपमानजनक है। यदि इस अत्यावश्यक को ही मानव-सभ्यता के राज-सिंहासन पर बैठा दिया जाए और उसके ऊपर यदि कोई दूसरा सम्राट् न माना जाए तो उस सभ्यता को हम सर्वश्रेष्ठ सभ्यता नहीं कहेंगे।'

'ठलुआ क्लब' के लेखक को इतनी बात सोचने का कष्ट बच गया, उसके लिए यही बहुत है। वैयाकरणी के लिए तो एक अक्षर की बचत पुत्रोत्पत्ति के बराबर आनंद देती है। (कदाचित् उस समय संतान-निरोध के सिद्धांत प्रचार में न आए थे)। 'ठलुआ क्लब' के मेंबरों को एक बात न कहने (कहने नहीं सोचने) के कष्ट से बचना एक घंटे से अधिक शय्या-सेवन सुख से कम नहीं है। भूमिका लिखने का कष्ट तो अवतरण देकर बच गया,

किंतु पुस्तक लिखने के कष्ट से न बच सका। इसके लिए मैं हथेरुआ (जिला कानपुर) निवासी स्थानीय साहित्य सेवा सदन के संचालक पं. रामनारायणजी द्विवेदी की असज्जनता का प्रकाशन किए बिना नहीं रह सकता, क्योंकि उक्त महाशय की आलस्य के परम शत्रु प्रोत्साहन से बड़ी घनिष्ठता है। यदि वह महाशय अपनी क्रूरता से काम न लेते, तो यह 'ठलुआ क्लब, के कारनामे मेरे स्मृति–पटल के बाहर न जा पाते। इसलिए यदि मैं नहीं, तो इस ग्रंथ के पाठक उक्त महाशय के अवश्य अनुगृहीत होंगे। इस ग्रंथ को अपने सहृदय पाठकों के हाथ में देते हुए मुझे एक आशा अवश्य है कि यदि पुस्तक उनका मनोविनोद करने में असमर्थ रही, तो वह मेरी अनधिकार चेष्टा पर हँसकर थोड़ी देर के लिए अपने ऊपर से सांसारिक चिंताओं का भार हल्का कर सकेंगे और मेरे उद्देश्य की सफलता हो जावेगी। उभय विधि मेरा ही लाभ है। इसके लिए उदार पाठकगण मुझसे मात्सर्य भाव न रखेंगे।

सन् 1928 **—गुलाबराय**

संपादकीय

'ठलुआ क्लब' हास्य रस की एक अपूर्व पुस्तक है। अँगरेजी के सबसे बड़े हास्य-रस के लेखक चार्ल्स डिकिंस ने 'पिकविक पेपर्स' नाम की एक अमर हास्य-कथा लिखी थी। 'ठलुआ क्लब' बहुत कुछ 'पिकविक क्लब' से मिलता-जुलता है। यों देखने में तो यह हास्य की पुस्तक है, पर लेखक ने इसमें वर्तमान सामाजिक प्रश्नों और जटिल समस्याओं की जितनी विनोदपूर्ण शैली में आलोचना की है, वह पढ़ने ही योग्य है। प्रत्येक व्याख्यान एक ठलुए की आत्मकथा है। इन ठलुओं की कहानी पढ़कर विनोद के साथ ही आप में जीवन का संचार होगा और आप अपनी दशा को सुधारने के लिए व्यग्र हो जाएँगे। यह ऐसा सोना है, जिसमें सुगंध भी भरा हुआ है। हम इसे बड़े हर्ष से पाठकों को भेंट कर रहे हैं।

—प्रेमचंद

अनुक्रम

ठलुआ क्लब

फिर निराशा क्यों?

मधुमेही लेखक की आत्म-कथा

भला हो इन कमबख्त संपादकों का, जिन्होंने बढ़ावे दे-देकर मेरी लेखनी का कचूमर निकाल लिया। जितना कॉलेज में पढ़ा था, उस्तादों से सुना था और अँगरेजी अखबारों से चुराया था, सब दो-चार चमत्कारपूर्ण लेखों में खर्च हो गया। अभाग्यवश बहुत यत्न करने पर भी कॉलेज में अध्यापकी न मिल सकी, जो नए विचारों के संपर्क में रखती। 'भाग्यं फलति सर्वत्र न विद्या न च पौरुषम्।' भाग्य भी बेचारा क्या करे, जब व्यावहारिक सिद्धांत के विरुद्ध काम किया जाए।

भूल यह की थी कि जिस कॉलेज में पढ़ा था, उसी में अध्यापक बनना चाहा, किंतु गाँव का जोगी कब पुजता है।

अस्तु, जिस प्रकार बदसूरत लड़कियाँ भी बिना ब्याही नहीं रहतीं, उसी प्रकार मुझे भी जैसे-तैसे नौकरी मिल गई। इधर तो नौकरी के काम की भरमार, उधर संपादकों की विकट पुकार। इसके साथ-साथ थोड़ी यशोलिप्सा भी थी कि यदि नौकरी द्वारा आदर-सम्मान न मिला, तो खैर, लेखनी ही द्वारा यश के भाजन बन जाएँ। शायद कभी मंगलाप्रसाद-पुरस्कार ही हाथ लग जाए। इसी लालच से अविकल परिश्रम करना शुरू कर दिया। चार दिन पढ़ूँ और एक दिन लिखूँ।

चोरी छिपाने के लिए भी बड़ा कौशल चाहिए, विशेष करके आजकल के साहित्य-संसार में, जबकि समालोचक-कीट लेखक के हृदय के अंतस्-तल में प्रवेश करके उसकी अनजान में भी की हुई चोरी का पता लगा लेते हैं। कहाँ रंगभूमि और कहाँ वेनटी फेयर?

महात्मा केशवदासजी के मत से श्रीरामचंद्रजी के राज्य में सुवर्ण की चोरी लोप हो गई थी, वर्णों (अक्षरों) की चोरी बच रही है; किंतु आजकल वर्णों की चोरी भी बहुत कठिन हो गई है। इस कारण सुलेखक बनने के लिए घोर परिश्रम करना पड़ा। यदि धन और यश का उपार्जन साथ ही साथ होता जाता, तो शरीर उस परिश्रम को सहन कर लेता; किंतु इधर दिन में नौकरी का नाच नचाना और उधर रात्रि को ग्रंथावलोकन में आँखों और मस्तिष्क को खराब करना। इस डबल परिश्रम के कारण शरीर की शक्तियों ने जवाब दे दिया और रोगों ने शरीर में अड्डा जमा लिया। डॉक्टरों ने मूत्र-परीक्षा का परामर्श दिया। परीक्षा कर मेरे शरीर को शर्करा का कारखाना बना दिया। अब क्या था, मैं डॉक्टरों के शासन में आ गया। डॉक्टर के वाक्यों को वेद के विधि-वाक्यों की भाँति बिना अक्ल का दखल दिए मानने लगा।

मेरा उदर रसायन-शास्त्र का प्रयोग-भवन मान लिया गया। काँटे की तौल तुले हुए पदार्थ मुझे खाने को मिलने लगे। मेरे रसोइया महाराज डॉक्टर साहब के छोटे भाई बन बैठे।

कभी-कभी मेरे अधिक भोजन माँगने पर जब रसोइया महाराज नाक सिकोड़ने लगते, तो मुझे क्रोध आ जाता, किंतु गिरिधर कविराय की कुंडलियों का स्मरण हो आता, और उनका नाम तेरह सज्जनों की नामावली में देख क्षमा करना पड़ता। शक्कर तो मेरे घर से ऐसी उड़ी, जैसे दरिद्र के घर से चूहे। यदि दुर्भाग्य से कभी बुखार आ जाता, तो डॉक्टर महोदय की कृपा से शक्कर में पकी हुई कुनैन की गोली भी नसीब न होती। लेमोनेड और लाइमजूस तो दूर रहा, मीठा मिक्स्चर भी न मिलता।

आजकल वैसे ही कलियुग में धर्म-कर्म विदा हो गए हैं, कभी-कभी गुरुजनों की प्रेरणा से सत्यनारायण की कथा होती है, तो फीकी पंजीरी से भोग लगााया जाता है; क्योंकि प्रसाद न लिया जाए, तो देवता की अवज्ञा होती है और पुण्य के बदले पाप मिलता है। यह गौरव तो पूर्वकाल के ब्राह्मणों को ही प्राप्त था, जो कि अध्ययन-अध्यापन का कार्य करते हुए भी मधुरप्रिय बने रहते थे। इस शर्करा के संन्यास से और तो कुछ फल नहीं

निकला, शायद उसका भाव कुछ मंदा हो जाए, और श्रमजीवी लोग जो हमसे उसका अच्छा उपयोग कर सकते हैं, उसे सुभीते के साथ खा सकें।

अस्तु, डॉक्टर महोदय का संतोष यदि शर्करा के संन्यास से ही हो जाता, तो भी मैं अपने को भाग्यवान् समझता; किंतु डॉक्टरों के चंगुल में आकर उससे निकलना कठिन है। शर्करा के संन्यास के साथ वे पुस्तकों का भी संन्यास कराना चाहते हैं।

शारीरिक और मानसिक खाद्य दोनों ही के साथ अपना पूर्ण शत्रुत्व निभाते हैं। मूर्ख जीवन व्यतीत करने के लिए उपदेश देते हैं। बात यह है कि डॉक्टरों का दिल मुरदे चीरते-चीरते मुरदा हो जाता है, उन्हें साहित्य और संगीत से क्या काम?

रोगी को भी अपना-सा 'निरक्षर-भट्टाचार्य' बनाकर छोड़ते हैं। खैर, क्या किया जाए, जीवन-निर्वाह तो किसी प्रकार करना ही है। यदि उनका कहना नहीं करते, तो पत्नी के वैधव्य का भय दिखलाया जाता है। अपना जीवन तो स्वाहा कर देना कोई कठिन बात नहीं, पर पत्नी के अकाल वैधव्य और बच्चों के अनाथत्व का विचार भी तो करना ही पड़ता है।

इस भय से डॉक्टरों के वाक्यों को भी पाँचवाँ वेद मानना पड़ता है। जैसे-तैसे मूर्ख बनकर क्या करूँ? क्या घास काटूँ? मैंने सोचा, कुछ ऐसा करूँ कि डॉक्टर का वचन भी पूरा हो जाए और कुछ साहित्य-संगीत भी चलता जाए ; क्योंकि साहित्य को तिलांजलि देना डार्विन के विकास का क्रम पलटना है। कहा है—

'साहित्यसंगीतकलाविहीन: साक्षात् पशुः पुच्छविषाणहीन:'

ऐसा सोचकर मैंने 'मूर्खता मंजरी' नामक एक छोटा-सा ग्रंथ लिखना आरंभ कर दिया। उसके कुछ उदाहरण आप लोगों को सुनाता हूँ—

अक्ल—जो अपने सिवाय और कहीं कठिनाई से मिले।

आंदोलन—बिना गोली-बारूद का युद्ध।

इजलास—जिस पर बैठकर मनुष्य न्यायाधीश बन जाता है।

ईमानदार—वह, जो दूसरों को बेईमान बतलावे।

उम्मीदवार—धक्के सहन करने की मशीन।

ऊन—मनुष्य की स्वार्थपरायणता का एक उदाहरण।

ऋण—वह वृक्ष, जो दिन दूना रात चौगुना बढ़कर अपनी आधार-भूमि से विहीन कर दे।

एकादशी—अन्न-वर्जित, एकादश प्रकार के भोजन पाने का दिवस।

ऐक्य—जो हृदय की अंधकारमयी कंदरा में न ठहरकर वक्ताओं के अधर-पल्लवों पर सदा नृत्य करता रहे।

ओखली—जो सिर को चोटों से निर्भय बना देती है।

ओषधि—प्रकृति की अनुचरी, परंतु उसके यश का अपहरण करने वाली।

अँगूठी—सभ्य-समाज में स्त्रियों के दासत्व का चिह्न।

कमल—जो तालाब के अतिरिक्त हिंदी-कवियों की कल्पना में खूब फूलता है, और मनुष्य के प्रत्येक अंग का उपमान बन सकता है।

कायर—जो अपनी शक्ति का दुरुपयोग न कर, दूसरी बार लड़ने के हेतु जीवित रहता है।

खद्दर—देशभक्ति की मुहर।

खबर—बे पर का पक्षी।

गधा—जिसके पूर्व जन्म का इतिहास अत्यंत श्लाघनीय है। परंतु इस जन्म का वृत्तांत घोर अत्याचारमय है। (देखिए बंकिम बाबू के 'लोक-रहस्य' में गर्दभ-स्तोत)।

घड़ी—वह यंत्र, जो दिन-रात चलकर भी स्थायी रहे। नौ दिन में ढाई कोस चलने वाले बैल से भी मंद।

घी—वह पदार्थ, जो कलियुग में वनस्पति से जन्म ले जीवहिंसा के कलंक से मुक्त हो गया है।

चुरट—जिसके धुएँ ने कलियुग में यज्ञीय धूम्र का स्थान ले लिया है।

छायावाद—जिस काव्य में छंद की स्वच्छंदता, अर्थ की कृच्छता और विरोध का बाहुल्य हो अथवा जिसकी छाया अपने बाहुल्य के कारण अंधकार उत्पन्न कर देती हो।

छींक—सायत के सेवकों के कार्यारंभ करने में जो ब्रेक का काम दे।

छुरा—बीसवीं शताब्दी के जेंटिलमैनों का प्रातःस्मरणीय।

जहर—नैराश्य की परम औषध तथा जो अनाड़ी के हाथ में मृत्यु का साधक हो, और डॉक्टरों के हाथ से अमृत का काम दे।

झगड़ा—जिसकी उत्पत्ति एक क्षण में हो जाती है और नशा वर्षों तक नहीं होता।

टका—संसार में सबसे प्रधान संचालन-शक्ति, 'बिन टका टक टंकायते।'

ठसक—जो गरीब आदमी और कमजोरों में अधिक रहती है।

डाली—वह रिश्वत, जो दंड-विधान से परे हो।

ढाल—मूर्तिमान् आत्म-रक्षा।

तंबाकू—जिसके कारण मनुष्य स्वर्ग में जाना नहीं पसंद करता, और जिसको मनुष्य के सिवा दूसरा कीड़ा नहीं खाता।

तलवार—जिसे केवल दो ही मनुष्य चाहते हैं, वीर और वियोगी।

तीर्थ—जहाँ पुण्य-पाप का पलड़ा बराबर हो जाता है।

तोता—कुछ विद्यार्थियों का आदर्श गुरु।

थाली—भोजन-भक्तों की आराध्य-अन्नपूर्णा देवी।

दान—पाप का मूल्य।

दाँत—वे मोती, जो अपने स्थान से अलग होने पर किसी भाव नहीं बिकते।

धर्म—भारतवर्ष में लड़ाई का मुख्य कारण और छोटों पर बड़ों के अत्याचार करने का प्रधान साधन।

धोबी—गधे का प्रेमी और कपड़े का मूल्य बढ़ाने वाला, किंतु भाग्य-हीन होने के कारण कपड़े का परम शत्रु माना जाता है।

नाई—प्राचीन काल में विवाह का एजेंट। वर्तमान काल में जीवित चलता-फिरता अखबार। इसके आगे बड़े-से-बड़े आदमी टोपी उतारकर सिर झुकाते हैं।

परदा—गुण-अवगुण दोनों को ढकनेवाला और भारतवर्ष में किले की दीवार से भी अधिक दुर्भेद्य।

पागल—सबसे अधिक स्वतंत्रता और कवि का छोटा भाई।

फिजूलखर्ची—ऐसे काम में खर्च करना, जो दूसरों को पसंद न हो।

फूट—भारतवर्ष का एक सर्वव्यापी फल।

बंदर—मनुष्य का परबाबा।

बीमा—जिसका व्यापार करनेवाले मरे हुए मनुष्य को जीवित से अधिक मूल्य देते हैं।

भारतवर्ष—जो देवताओं और विदेशियों को अधिक प्रिय रहा है।

मान—स्त्रियों का ब्रह्मास्त्र। दूसरे अर्थ में निर्धनों का धर्म।

यश—बड़े आदमियों की अंतिम कमजोरी और सारे संसार का ध्येय।

यौवन—संसार के दृश्य को पलट देनेवाली सहज मदिरा।

रईस—जो सिवाय जबान हिलाने के और कोई काम करने का कष्ट न उठा सकें और जिसके द्वार पर माँगनेवाले और तकाजगीरों की भीड़ रहे।

रोटी—जो कच्ची होती हुए भी पक्की से शीघ्र पच जाती है।

लक्ष्य—दुनिया में सबसे अप्राप्य वस्तु।

लाठी—जिसका रखना भैंस का अधिकारी बना देता है।

वकील—जो दूसरों को लड़ाकर आप लाभ उठावे।

वसीयत—मरणोत्तर जीवन।

सत्य—जो सिवाय न्यायालयों के सत्यमूर्ति साक्षी की जिह्वा के अतिरिक्त अन्य स्थानों में अप्राप्य हो।

शराब—मनुष्य के दोषों को प्रकाशित करने वाली दीपशिक्षा।

शादी—गा-बजाकर काठ में पाँव देना।

हाकिम—जो सदा शांति की दुहाई देता है, किंतु अशांति के कारण जीवन-निर्वाह करता है।

क्षमा—एक अमूल्य पदार्थ, जिसके याचक और दाता दोनों ही धन्य हैं।

त्रुटि—जो बड़े आदमियों से असाध्य है, सदा छोटों के ही भाग्य में पड़ती है।

ज्ञान—जो मनुष्य को पूर्ण स्वतंत्र बनाकर दूध और शराब बराबर कर देता है।

आप ऊपर के नमूनों से जान सकते हैं कि यह कोष कालांतर में अमरकोष से कम ख्याति न पाता। शायद गुणग्राहिणी भारत सरकार मुझे रायबहादुरी भी दे देती, और मैं तो यह समझता हूँ कि सरकार की कृपा का स्रोत केवल रायबहादुरी पर ही न रुक जाता, वरन् मुझको डॉक्टर जानसन की भाँति कुछ छात्रवृत्ति भी मिल जाती; लेकिन संसार के दुर्भाग्य से डॉक्टर को खबर लग गई। डॉक्टर लोग रोगी के यश को कब सहन कर सकते हैं, वे तो केवल भौतिक शरीर के रक्षक हैं। उनके पेट में चूहे कूदने लगे, और मुझे आड़े हाथों लिया।

राजद्रोही-संबंधिनी पुस्तकों की भाँति वह पुस्तक भी डॉक्टर साहब के कोर्ट में, जिसकी अपील परमेश्वर के यहाँ भी नहीं हो सकती है, हजम हो गई।

अब क्या करूँ! लिखने-पढ़ने को तो तिलांजलि देनी पड़ी, सिवाय इस अशरण-शरण ठलुआ क्लब की मेंबरी के और कुछ उपाय न रहा। किंतु बिना लिखे-पढ़े भी रहा नहीं जाता। अपनी आदत से लाचार था। लिखूँ तो क्या लिखूँ! ऐसी कौन पुस्तक हो सकती है, जो डॉक्टर साहब की क्रोधाग्नि को शमन कर उसे भस्मीभूत होने से बचा ले। ठलुआ-पंथी में बुद्धि कुशाग्र हो जाती है। विचार में आया कि यदि कोई ऐसी पुस्तक लिखी जावे, जिसमें डॉक्टर साहब की प्रशंसा हो, तो शायद वह उपेक्षा की दृष्टि से देखी जावे, क्योंकि अपनी प्रशंसा के आगे डॉक्टरों को रोगी के स्वास्थ्य की विशेष चिंता नहीं रहती। मैंने एक ग्रंथ 'बीसवीं शताब्दी का स्रोत-रत्नाकर' लिखना आरंभ कर दिया। उसमें सबसे पहले डॉक्टर-स्तोत्र को स्थान दिया है। वह स्तोत्र पाठकों के लाभार्थ नीचे दिया जाता है। इसके लिए डॉक्टर साहब से तो अब क्षमा-प्रार्थना करने की आवश्यकता नहीं। उनके विष की तो औषध मिल गई। ठलुआ क्लब के विज्ञ सदस्यों से इतना नम्र निवेदन अवश्य है कि वह इस प्रकार के ग्रंथ-लेखन को क्लब के नियमों की अवहेलना न समझेंगे (क्योंकि यह कोई उपयोगी कार्य नहीं है।), और सहृदय दृष्टि से मुझे इस क्लब में कोई पद-प्रदान करेंगे।

नमो भगवते डॉक्टराय!

भगवन्! कमलयोनि लोकपितामह ब्रह्माजी ने मुनष्य की कल्पना करने से पूर्व आपका निर्माण किया, क्योंकि जहाँ वह जन्म से पूर्व माता के स्तनों में दुग्ध पैदा कर देते हैं, वहाँ क्या वह इस बात को भूल जाते हैं कि मनुष्य को अपने में ऐसे व्यक्ति की सहायता पड़ेगी, जो कि उसका जन्म से नहीं, वरन् गर्भ से ही साथ दे और मरण-पर्यंत उसकी सेवा करता रहे। जब तक आपकी अनुचरी धात्री द्वारा नाभि-नाल का विच्छेद न किया जावे, तब तक बालक अपनी माता के अंकस्थ नहीं होता। मनुष्य चाहे मर भी जाए, तब भी उसकी मृत्यु प्रमाणित करने के लिए आपके प्रमाण-पत्र की आवश्यकता रहती है। आप हमारी जाति के आजन्म हितैषी हैं, अतः आपको बारंबार नमस्कार है।

आपके अग्रज वैद्यराज से लोगों ने खूब वैर निभाया है, विचारों को 'यमराज-सहोदर' की पदवी से विभूषित किया है। कदाचित् इसी उपहास के कारण यमराजजी ने इस देश पर पूर्ण प्रकोप प्रकट किया है; और प्लेग, बेरी-बेरी आदि नवीन-नवीन रोगों का आविष्कार कर अपने सहोदर वैद्यराज की भोजनचर्या का प्रबंधकर दिया है। आपने जन्म धारण कर यमराजजी की कृपा का पूर्ण लाभ उठाया है। आप यमराज तथा वैद्यराज से दो बाँस आगे ही निकल गए। क्यों न हो, नवयुग का प्रभाव ही ऐसा है! आजकल 'विकासवाद' के समय में आपकी बुद्धि ने पूर्ण विकास पाया। श्री शारदा देवी की कृपा से मारण, मोहन वशीकरण, आकर्षण, स्तंभन, उच्चाटन आदि सभी विद्याएँ सिद्ध हो गईं। मारणमंत्र का पाठ तो आपको प्रवेशिका में ही पढ़ा दिया जाता है। मुरदे चीरते-चीरते आपका हृदय इतना कठोर बन जाता है कि मृत्यु आपके लिए साधारण-सी बात हो जाती है। शव-शय्या के पास आपका हृदय तनिक भी विचलित नहीं होता। आप योगी की भाँति स्थिर और अचल रहकर फीस की बातचीत करने में जरा भी संकोच नहीं करते। आप शल्य प्रहार से प्राणों को भीतर से खींच लाने का पूर्ण प्रयत्न करते हैं। यदि प्राण ही बेशर्मी पर उतरकर मनुष्य-कंकाल के अस्थि-पंजर में बने रहने का दुस्साहस करे, तो आपका क्या दोष? मारण के लिए आप

कभी-कभी गोली का भी प्रयोग करते हैं; और उसका लक्ष्य प्रायः सफल भी हो जाता है।

आपकी मोहन कला के आगे बंगाल का जादू भी टिक नहीं सकता। 'क्लोरोफार्म' की गंध देते ही आपका मंत्र पूर्णतया सफल हो जाता है। मनुष्य जानवर क्या, काष्ठ के समान बन जाता है। उसको काटिए-छाँटिए, वह आपके आतंक से चूँ भी न करेगा। मंत्र-मुग्ध इसी को कहते हैं। पंडित लोग तो पराए धन को 'लोष्टवत्' समझते हैं। आप तो पराए धन के अतिरिक्त पराए शरीर को भी 'लोष्टवत्' बना देते हैं। यह आपकी सम्मोहन-कला है। 'वशीकरण' तो आपके बाएँ हाथ का खेल है। आपके सब रोगीगण सदा वशीभूत हो आपके इच्छानुवर्ती रहते हैं। आपके प्रभाव को कानून तक ने भी जबरदस्त माना है। आपके सामने रोगियों की इच्छा आपकी इच्छा में विलीन हो जाती है। रोगियों का संकल्प आपके श्रीमुख से निकले हुए वचनों की बाट जोहता है। आप भगवान् की भाँति अपने रोगियों को दारुयोषिता की नाईं नचाते हैं, जिसका चाहे भोजन बंद कर देते हैं और जिसको चाहे कमरे के भीतर कैदी बना देते हैं। जिस प्रकार पुलिसमैन की अंगुली साठ मील की चाल से भागनेवाली मोटरकार की गति का अवरोध कर देती है, उसी प्रकार आपका एक वाक्य बड़े-बड़े सम्राटों तथा महारानियों एवं उच्च पदाधिकारियों और लेखक तथा देशभक्तों के प्रोग्राम को बात-बात में बदल देते हैं! जिसको चाहे कसौली और शिमला भेज देते हैं, और कभी-कभी आगरा और बरेली भेजने के लिए भी प्रमाण-पत्रों पर हस्ताक्षर कर देते हैं। आपके रोगी आपकी आज्ञा से ही उठते-बैठते और भोजन-पान व वार्त्तालाप तक करते हैं। यदि आप मौन-व्रत धारण करने का आदेश दे दें, तो आपके रोगियों के अधर-पल्लव एक-दूसरे से कदापि अलग न हों। इससे बढ़कर क्या वशीकरण हो सकता है? यदि किसी को आपकी आकर्षण शक्ति का परिचय लेना हो तो थोड़ी देर के लिए अस्पताल की यात्रा कर वह अपना जीवन सफल कर ले। उस समय गीता में वर्णित भगवान् के विराट् रूप का स्मरण हो आता है—

यथा नदीनां बहवोऽम्बुवेगाः समुद्रमेवाभिमुखा द्रवन्ति।
तथा तवामी नरलोकवीरा विशन्ति वक्त्राण्यभितो ज्वलन्ति॥
यथा प्रदीप्त ज्वलनं पतंगा विशन्ति नाशाय समृद्धवेगाः।
तथैव नाशाय विशन्ति लोकास्तवापि वक्त्राणि समृद्धवेगाः॥

शहर का शहर सिमटकर अस्पताल के द्वाररूपी मुख में प्रातःकाल से ही प्रवेश करने लगता है। यह सब आपकी महती आकर्षण-शक्ति का प्रभाव है।

आप अपने प्रयोगों में स्वयं काल का भी स्तंभन कर देते हैं। वैदिक काल में तो 'शतायुर्वैंपुरुषाः' कहकर मनुष्य की आयु को एक शतक में ही संकुचित कर दिया था, किंतु आजकल आपने ओषजन और मंकीग्लांड्स के प्रयोगों द्वारा मनुष्य के जीवन को अनंत सिद्ध कर दिया है। स्तंभन द्वारा मनुष्य जाति की रक्षा का भार आपने अपने ही सिर पर ले लिया है। प्लेग, कालरा और चेचक आदि घोर विकराल रोगों से अभयदान देने के अर्थ टीका की प्रथा का आविष्कार किया है। जिस प्रकार वैष्णवों के अंग पर शंख, चक्र, गदा, पद्म आदि चिह्नों को अंकित देख यमदूत भागते हैं, उसी प्रकार टीका-चक्र को देखकर रोग भागते हैं। कभी-कभी प्राण-पखेरू भी उड़ भागते हैं।

आप अपने सिद्धांतों के द्वारा रोग का दूर से ही स्तंभन कर देते हैं। इसी स्तंभन कार्य के वश स्वस्थ पुरुषों के घर पर आपकी दाल गल जाती है। आप तुरंत ही Prevention is better than cure (अर्थात् रोग को दूर रखना, इसके अच्छे होने से श्रेयस्कर है) की शरण लेते हैं।

आप अपने रोगी का घर-बार से उच्चाटन करा, उसका धन-संपत्ति से भी उच्चाटन करा देते हैं। यदि वह धन से मोह करे, तो प्राणों से हाथ धो बैठे। सुस्वादु भोजन से उच्चाटन करा देना तो सहज ही काम है। जब रोगी का धन से उच्चाटन होता है, वहीं आपकी प्रतिभा जाग्रत् होती है। यदि रोगी को बहुत दिनों तक आपकी सेवा का सौभाग्य मिला, तो उसका मन संसार के सभी सुखों से उचट जाता है। उसको सभी वस्तुएँ भी त्यागनी

पड़ती हैं। उसको बस एक आप ही के दर्शनों की चाह रहती है, और वह इस बात की खोज में हमेशा रहता है कि कब आप ज्ञान-सागर में गोता लगाकर उसके हित के लिए दो-चार अमूल्य रत्न निकाल लें।

भगवन्! इस षट् प्रयोग के अतिरिक्त आप की अनंत कलाएँ और विभूतियाँ हैं। आप बात ही बात में बुड्ढे को जवान और जवान को बुड्ढा बना देते हैं। जिस प्रकार बैल के खरीदने के पूर्व दाँत देखे जाते हैं, उसी प्रकार नौकरी के पूर्व उम्मीदवार लोग आपकी परीक्षा के लिए भेजे जाते हैं। बिना आपके प्रमाण-पत्र रूपी टिकट के लिए हुए वे लोग नौकरी की रेलगाड़ी में सवार नहीं हो सकते। आपकी महिमा इतनी बढ़ी हुई है कि अदालतें भी आपसे डरती हैं; और आपके मिथ्या भाषण को भी उपेक्षा-दृष्टि से देखती हैं। आपकी रिश्वतें फीस के गौरवशाली नाम से प्रख्यात हैं। आप साधारण जल को बहुमूल्य औषध बना, उसमें से लक्ष्मी देवी का प्रादुर्भाव कर समुद्र-मंथन का नित्य अभिनय करते हैं। वैसे तो स्वयं धन्वंतरि-रूप से आपका भी प्रादुर्भाव लक्ष्मीजी के साथ हुआ था। धन्वंतरिजी अमृत का घट लिये हुए निकले थे। आपकी दवाइयों की पेटी पीयूषधारा से कम नहीं है। आप अपने ही में धन्वंतरि एवं चंद्रमा दोनों के व्यक्तित्व को सम्मिलित किए हुए हैं। चंद्रमा को औषधियों का पति कहा है। इसी से उनका नाम सुधाकर पड़ा। आप भी सुधाकर हैं, क्योंकि अमृतमयी औषधियाँ आपके कर-कमलों में निवास करती हैं। वास्तव में आपके 'कर' ही सुधा-रूप हैं। सुरादेवी आपकी सहज भगिनी है, इसलिए आपकी प्रत्येक औषध में उनका प्रयोग होता है। लक्ष्मी देवी पर तो आप कृपा करते ही रहते हैं। बिना उनके 'सुफल' बोले आपके मंत्र तथा औषध और रोगी की 'हाहा विनती' सब निष्फल हो जाती हैं।

आपकी औषधियों में विष (Poison) का भी खूब प्रयोग रहता है। क्यों न हो! विष भी तो चौदह रत्नों में से एक है। इतना ही नहीं, वह तो सब में अग्रगण्य है। आप विष द्वारा अमृत का काम करते हैं। सुरासुर दोनों को ही संतुष्ट रखते हैं। आप सदा डाक के घोड़े पर सवार रहते हैं; और

'टर', 'टर' किया करते हैं। इसीलिए कलियुग में आपका नाम डॉक्टर पड़ा।

पीयूषपाणि!

आपके गुणानुवाद गाते-गाते जिह्वा थक जाती है। अब मुझे अपनी शरण में लें, यह वर दीजिए कि मेरा बनाया हुआ यह 'डाक्टरस्तोत्र', जो नित्य प्रातः काल पाठ करें, उसको कभी व्याधि-व्यथा न आवे। वे इस लोक में सुख तथा परलोक में शांति प्राप्त कर मोक्ष का भागी बनें! केवल स्तोत्र के साथ आपकी दक्षिणा भक्तिपूर्वक करता रहे, तो इस स्रोत का महत्त्व अवश्य पूर्ण होगा।

□

बेकार वकील

वैसे तो मैं अपने को ठलुओं की संज्ञा में स्वीकार करना महापाप समझता हूँ, और यदि कोई दूसरा मुझे इस संज्ञा में घसीटना चाहता है तो मैं उस पर मानहानि की नालिश कर अपनी बेकारी को कुछ दिनों के लिए विदा कर देता। अदालत में भी यदि कभी सब-जज महोदय कृपान्वित हो मुझे कमीशन देने की बातचीत चलाते तो दो-चार बार कोरी डायरी के पन्ने उलटे-पलटे बिना मैं सहसा उत्तर नहीं देता। तथापि 'यारां न चोरी न पीरां दगाबाजी।' मित्रों से मिथ्या भाषण करना इस पेशे तक के लोगों को शोभा नहीं देता। आप लोगों से पैसा तो मिलना नहीं, केवल सहृदयता ही आशा हो सकती है। झूठ बोलूँ, तो उसके भी हाथ से जाने का खटका है। मुझे आशा है कि आप लोगों को कभी किसी वकील की आवश्यकता न पड़ेगी। इस कारण और कुछ न सही, तो ठलुओं ही के सम्मुख सत्य बोलने का दुर्लभ श्रेय क्यों न प्राप्त करूँ।

ए-बी से मैंने अंग्रेजी-शिक्षा का प्रारंभ किया था और बी.ए. पर पहुँचकर उसकी इतिश्री करने का विचार था, लेकिन उस पद पर पहुँचते-पहुँचते मेरी अवस्था 26 वर्ष की हो चुकी थी। मैं सरकारी नौकरी के लिए वृद्ध हो चुका था। डॉक्टर लोग चाँदी की रसायन द्वारा मुझे बुड्ढे से जवान बना सकते थे, किंतु मेरे मन में बाल्य-काल से स्वतंत्रता के भाव भरे हुए थे। सरकरी नौकरी मिलने की असंभावना को मैंने देश-सेवा करने का ईश्वर-दत्त अवसर समझा। देश-सेवा में रथ केवल भावों के पहिये पर नहीं चल सकता, उसके लिए चाँदी-सोने के पहिए चाहिए, वह बिना रोजगार के कहाँ? बहुमत से

यह बात स्वीकार कर ली गई है कि वकालत ही एक ऐसा पेशा है, जिसमें धनोपार्जन के साथ देश-सेवा भी हो सकती है, क्योंकि हर एक वकील के नाम हिंदोस्तान का वकालत-नामा लिखा ही रहता है। अत: मैंने एक स्थानीय स्कूल में नौकरी कर ली, और कॉलेज में लॉ लैक्सर्च भी एटैंड करना शुरू कर दिया था। भविष्य में मुझे वकालत का पेशा इख्तियार करना था, इसलिए मैंने अपनी हाजिरी भी दूसरों की वकालत से करनी शुरू कर दी। कभी-कभी मेरे वकील जब छुट्टी लेना चाहते, तो फीस में मैं भी उनकी वकालत कर आता। लॉ क्लास सुरसा के मुख की भाँति दिन दूना रात चौगुना बढ़ता जाता था और हनुमान जी की भाँति बिना लघु रूप रखे, उसकी थाह मिलना कठिन है, और न्यायाचार्य लॉ प्रोफेसर महोदय को लघुरूप धारण करना उनकी गुरुता के प्रतिकूल प्रतीत होता था।

मेरे प्रोफेसर भी प्रतिनिधित्व-संबंधी सिद्धांत के ऐसे श्रद्धालु थे कि मेरे बिना कष्ट के ही सालभर की हाजिरी पूरी हो गई। इंतिहान की फीस भेज दी गई, किंतु अभाग्यवश उसमें प्रतिनिधित्व से काम नहीं चलता है। मालूम नहीं, आजकल के जमाने में, जहाँ सब काम प्रतिनिधि द्वारा चल जाते हैं, इंतिहान में प्रतिनिधि क्यों नहीं स्वीकार किए जाते? बहुत करें तो प्रतिनिधि द्वारा जो परीक्षाएँ हों, उनकी कुछ अधिक फीस ले लिया करें। मेरी राय संसार की राय को नहीं पलट सकती थी। अस्तु, इंतिहान की तैयारी के लिए तीन महीने की छुट्टी ली। लेकिन साल भर का काम तीन महीने में कैसे तैयार हो? खासकर मुझ जैसे आलस्य-भक्तों से। लेकिन 'जब तक साँस तब तक आस।' एक पार्क में जाकर शीस गाइड में घोटा लगाना शुरू कर दिया और इम्तिहान के दिन गिनने लगा। परीक्षा देने प्रयाग गया। इतना संतोष अवश्य था कि यदि पास न हुआ, तो भी विशेष हानि नहीं। त्रिवेणी-स्नान तो हो जावेगा, और घर की संपत्ति में बाल-बच्चों के लिए दो-एक ट्रंक अधिक छोड़ मरूँगा। इसके अतिरिक्त दूसरे साल के लिए लैक्चर्स अटैंड करने की बाधा से मुक्त हो जाऊँगा।

बड़े शकुन-सायत से परीक्षा-भवन में जाता था। थोड़ा बहुत देव-नाम

भी स्मरण कर लेता था। पहले रोज का परचा मेरी समझ में अच्छा हुआ, सोचा कि शायद नाम-स्मरण का ही फल हो। एक रोज और ऐसे ही कट गया। लेकिन 'बकरे की माँ कब तक खैर मनावेगी।' तीसरे रोज लुटिया डूब गई। परचा बिगड़ गया, लेकिन तब भी आशा-पास से नहीं छूटी। परीक्षक की दयालुता का भरोसा तो हमेशा लगा ही रहता है और स्वार्थवश कभी-कभी ऐसी असंभव कथाओं में भी विश्वास हो जाता था कि परीक्षक लोग आधे परचे उठाकर एक तरफ रख देते हैं; और उनके ऊपर 'पास' लिखकर शेष को 'फेल' कर देते हैं। परीक्षा खत्म हो गई। नतीजा आया। 'रोते जाने वाले मरे की ही खबर लाते हैं।' स्कूल की नौकरी तो छूटी नहीं थी, फिर भय किस बात का? फिर एक साल उसी तरह तीन महीने की छुट्टी लेकर यत्न किया। इस साल कुछ हाल का परिश्रम और परसाल का अनुभव काम आ गया। प्रीवियस में पास हो गया, फाइनल की तैयारी हुई। फाइनल भी एक साल के गोता खाने के बाद पास कर लिया। भले आदमी बिना पैर रगड़े आगे कदम नहीं रखते। खैर, अब क्या है, अब तो मेरी पिछली असफलताओं की लज्जा ऐसे दूर हो गई, जैसे 'गधे के सिर से सींग।'

जिनके पास मैं भूलकर भी नहीं जाता था, उनकी बधाई स्वीकार करने के निमित्त उनके घर के चार-चार चक्कर लगाने लगा। स्कूल से इस्तीफा दे दिया। अब वकीलों के दाँव-पेंच सीखने की जरूरत पड़ी। जहाँ मुकदमे की बात सुनता, वहाँ अपनी टाँग अड़ा देता। उनके साथ कचहरी जाता, जिरह को ध्यान से सुनता, उर्दू का भी काम-चलाऊ अभ्यास कर लिया। एक जुडिशियल ऑफिसर ने सर्टिफिकेट भी दे दिया। एनरोलमेंट की दरख्वास्त भी भेज दी गई। एनरोलमेंट हो जाने पर पहले मुकदमे की फिक्र पड़ी। 'नाई के लड़के को सिखाने के लिए कौन अपनी खोपड़ी खराब करेगा।' पंडितों से पहला मुकदमा लेने की साइत पूछी गई। मेरी साइत साधने के लिए कोई साहस न करता था। आखिर एक सहृदय वकील ने उस रोज मेरी साइत साधने के लिए एक मुकदमे में अपने वकालतनामे के साथ मेरा भी वकालतनामा दाखिल कर लिया। मुकदमा तो जीत गया, किंतु उसमें कुछ यश-लाभ न

हुआ। दूसरे की छत्रच्छाया में रहकर यश-लाभ कहाँ से हो? वे वकील मुझे अपने साथ रखने का तैयार थे, किंतु मैं अपने को उनसे अधिक प्रतिभाशाली समझता था। उनका यश बहुत था; किंतु उनके पास काम बहुत साधारण-सा प्रतीत होता था। यशस्वी लोग एक-दूसरे के तेज को सहन नहीं कर सकते। 'उत्तररामचरित' में ठीक ही कहा है—

'न तेजस्तेजस्वी प्रसृतमपरेषां प्रसहते
स तत्य स्वो भावः प्रकृतिनियतत्वाकदकृतकः।
मयूखैर श्रान्तं तपति यदि देवो दिनकरः,
किमाग्नेयो ग्रावा निकृत इव तेजांसि वमति।'

—*भवभूति*

मैं यशस्वी तो न था, किंतु यशस्वी होने की महत्त्वाकांक्षा रखता था, इसलिए उसके मार्ग में भी चलना चाहता था। इसी कारण बड़े वकील साहब की कृपा से लाभ उठाना मैंने अनुचित समझा। आत्म-विश्वास और आत्म-साहाय्य का पाठ अपने छात्र-जीवन में भली-भाँति अध्ययन कर चुका था। दूसरे के सहारे खड़ा होना मुझे लज्जाजनक प्रतीत होता था। स्कूल की नौकरी में जो कुछ बचाकर संग्रह किया था, उसको वकालत की दूकान जमाने में खर्च कर देने का निश्चय किया। घोड़ागाड़ी इत्यादि रखना तो मैंने अपनी सामर्थ्य से बाहर समझा। एक काला कोट पहनकर रोज बाइसिकिल पर कचहरी की यात्रा करता। मेरे मुहर्रिर महोदय किराए के इक्के पर बस्ता ले कचहरी पर उपस्थित हो जाते और नीम के नीचे दूकान जमा देते। मैं स्वयं या तो अदालत में जाकर वकीलों की बहस सुनता, और जब उससे जी ऊब जाता, तो बार-रूम में जाकर अखबार बढ़ता या मिट्टी के कुल्हड़ों में बरफ का पानी पीता। मैं अपने को इसी बात में धन्य समझता था कि और कुछ नहीं, तो वकील हो जाने से बार-रूम में बैठना, पंखे की हवा, ठंडा पानी और 'लीडर' अखबार, ये सब सुख एक रुपया खर्च करने पर ही मिल जाते हैं, और बेकार भटकना नहीं पड़ता; और न पुलिस को अपनी बेकारी की कैफियत देनी पड़ती है। पहले तो मैं यही समझता था कि कचहरी में बैठने की ही देर है; मुवक्किल लोग, जिस प्रकार गरमियों

में जलते हुए चिराग के ऊपर पतंगे आ टूटते हैं, उसी प्रकार वे लोग मेरा घर घेर लेंगे; किंतु दो-तीन महीने में मेरा यह भारी भ्रम दूर हो गया और कुछ ही दिनों में रोटी-दाल का प्रश्न उपस्थित होने लगा। खाली पेट में ठंडा पानी और पंखे की हवा बुरी लगने लगी। मुझे अपनी बुद्धि पर पूर्ण विश्वास था, लेकिन किया क्या जाए, हर साल सैकड़ों वकील तैयार हो जाते हैं, और जगह एक भी खाली नहीं होती। वकील लोग कुछ पेंशन तो लेते ही नहीं, मरकर अवश्य स्थान खाली कर सकते हैं, किंतु नए वकीलों के दुर्भाग्य से पुराने वकीलों को कुछ अमरौती सी मिल गई है—वे मरते ही नहीं। और, यदि कोई मर भी गया, तो उसके भाई-भतीजे कूदकर उसके आसन पर विराजमान हो जाते हैं। इन सब कठिनाइयों के होते हुए भी मेरे आत्मविश्वास ने मुझे जवाब नहीं दिया। मैंने सोचा कि आखिर सिंह तक को पशुओं को पकड़ने में उद्योग करना पड़ता है, तो मैं भी क्यों न उद्योग करूँ—

'यत्ने कृते यदि न सिद्ध्यति कोऽत्र दोष: ।'

मैंने अपने मुहर्रिर महोदय को हर प्रकार से उत्तेजित किया। यहाँ पर मैं यह कह देना आवश्यक समझता हूँ कि मेरे मुहर्रिर मुझसे भी अधिक सज्जन थे। बेचारे प्रात:काल आते, वकालतखाने को झाड़-बुहारकर साफ-सुथरा कर देते। मुवक्किलों का तो अभाव था ही, उनके स्थान में वह मेरे लड़के-बच्चों का तो पढ़वाना बंद कराके यह काम सायंकाल के लिए रख दिया, और गाँव से दो-एक मुकदमेबाज रिश्तेदारों को बुला दिया। वह सुबह के वक्त आते और मुकदेबाजी की चर्चा करने लग जाते। मैं अपनी बैठक के सब दरवाजे खुले रखता, जिसमें कि आते-जाते लोगों को मेरी मेज पर की किताबों के ढेर और कृत्रिम मुवक्किलों के जमघट दिखाई पड़े। उन्हीं रिश्तेदारों में से एक सज्जन सायंकाल को सराय में चक्कर लगा आते कि कोई भूला-भटका मुवक्किल हाथ लग जावे। इन युक्तियों से कुछ मुवक्किल आने तो लगे, किंतु जितना रिश्तेदारों पर खर्च करना पड़ता था, उसकी अपेक्षा आमदनी चतुर्थांश भी नहीं होती थी। सफलता ने भी मेरा बहुत पक्षपात नहीं किया, जिसके कारण शहर में ख्याति पा जाता।

कहते हैं कि बारह वर्ष में घूरे का भी भाग्य जगता है। महात्मा गांधी के असहयोग की हवा चली, और कई वकीलों ने वकालत करना छोड़ दिया। मेरे लिए भी यह समस्या उपस्थित हुई कि देश-सेवा के जो भाव मेरे हृदय में बाल्य-काल से भरे हुए थे, उनकी पूर्ति करूँ या ऐसे स्वर्गमय सुअवसर में कुछ अपनी पेट-पूर्ति का साधन कर लूँ। अस्तु, इस सुअवसर को छोड़ना मैंने भाग्य के साथ कृतघ्नता समझी। असहयोग के दिनों में वकीलों की कमी के साथ थोड़ी-बहुत मुकदमेबाजी में भी कमी हो गई, तो भी जब तक इसकी लहर रही, तब तक मेरी भी थोड़ी-बहुत लहर पटी, किंतु भाग्य ने बहुत दिन सहारा न दिया। थोड़े ही दिनों में वकील लोग अपने-अपने स्थान पर आ टपकने लगे, और खाली तख्त फिर से भर गए। एक-एक करके लौटे हुए वकील मेरी आँखों में खटकने लगे और मैं उनकी 'आँख की किरकिरी' बन गया। अपने ठलुआ-पंथी के दिनों की कमी को पूरा करने के निमित्त वे लोग भूत की भाँति धन कमाने पर उतारू हो गए। इस कठिन कंपिटीशन की बाढ़ में मेरे पैर उखड़ चले और मेरा मन इधर-उधर चलायमान होने लगा। कहीं क्रॉसवर्ड पज्ल (Crossword Puzzle) के कंपिटीशन में अपना सिर खपाने लगा और कहीं लॉटरियों में रुपया भेजने लगा। कभी रुई के सट्टे में भाग्य-परीक्षा करने के विचार से ज्योतिषियों का परामर्श लेने लगा, किंतु लक्ष्मी देवी का कृपापात्र बनने का कोई राज-पथ मुझे न मिल सका। ऐसी ही खींचातानी की अवस्था में मेरे एक मित्र ने कह दिया कि 'व्यापारे वसते लक्ष्मी'।

शुरू से देशभक्ति और श्रद्धालु होने के कारण मेरे मन में सब ही संस्कृत शब्द वेद-वाक्य का प्रभाव रखते थे। बस, मैं व्यापार की उधेड़बुन में लग लगा। अभाग्य से एक वैद्यजी मेरे पड़ोस में रहते थे। उन्होंने कहा कि देशी दवाइयों के प्रचार करने में देश का हित और धनोपार्जन 'गौरस बेचन और हरि-मिलन' का सा 'एक पंथ दो काज' हो जावेगा। दो-एक मित्रों ने मुझे और भी पट्टी पढ़ा दी। उन्होंने कहा कि देशी दवाइयों से तो वास्तविक रसायन बनती है। सोने की राख तो बिरले ही बनाते हैं, किंतु राख का सोना हर एक को वैद्य बना लेता है। अपनी विज्ञापन देने की शक्ति में तो विश्वास था ही

और वैद्यजी पड़ोस में ही रहते थे, बस सारा बानक बन गया। 'लोकहित औषधालय' के नाम से एक औषधालय स्थापित कर दिया गया। इतने ही में मुझे एक संबंधी के काम से दो हफ्ते के लिए प्रयाग जाना पड़ा। मेरे मित्र वैद्यराज ने मेरी अनुपस्थिति में मेरे नाम से अनेकानेक ओषधियों के विज्ञापन जारी कर दिए। वे तो यह समझते थे कि वह लोकहित के साथ मेरा हित कर रहे हैं, किंतु मेरे लिए तो 'नादान दोस्त से दानिशमंद दुश्मन बेहतर होता है', इस कहावत को सिद्ध कर वह पूरे यमराज के सहोदर भ्राता बन गए। इलाहाबाद से लौटने पर दूसरे ही दिन जज साहब ने मुझे बुलवाया और बड़े आदर-सत्कार से बैठाया। उन्होंने देशी दवाइयों की प्रशंसा करनी शुरू कर दी। इस विषय में मेरी जानकारी बहुत बढ़ी-चढ़ी थी, तुरंत ही मैं डॉक्टर पी.सी. राय की हिंदू केमिस्ट्री के पन्ने और लाइनें बतलाकर प्रमाण देने लगा। जज साहब ने मेरे औषधालय तथा ओषधियों की प्रशंसा करनी शुरू कर दी और कहने लगे कि तुम्हारी जीवन-वाटिका ने मेरे हेड क्लर्क बाबू की माँ की जान बचा दी। आत्म-ख्याति का माया-जाल बड़ा दुर्भेद्य है। इससे निकलकर भागना कठिन है। मैंने भी कह दिया कि मेरा औषधालय संसार में नाम कर दिखाएगा। और मेरे जीवन का एकमात्र उद्‌देश्य ही यह है कि देशी दवाइयों का उद्धार करूँ।

जज साहब ने इन सब बातों को सुनकर नोट कर लिया। एक महीने बाद यह हुक्म आ गया कि साल भर के लिए आपसे वकालत करने का अधिकार छीना जाता है। इस अवसर में आप यह निश्चय कर लीजिए कि आप वकालत द्वारा लोकहित करेंगे या औषधालय द्वारा। यद्यपि वकालत में अधिक लाभ न था, किंतु डिबार (Debar) होने की बदनामी से बचने के लिए हाईकोर्ट तक गया। वहाँ से भी यही उत्तर मिला कि जज साहब ने बहुत रियायत की। वकालत तो साल भर के लिए हाथ से गई, अब यह समस्या आ खड़ी हुई कि दवाइयों का रोजगार छोड़ूँ या रखूँ। दवा से भी आर्थिक लाभ तो कुछ न था, केवल इतना ही फायदा था कि लड़के-बच्चों को चूरन मुफ्त मिल जाता था और घर पर कोई बीमार हुआ, तो बिना मूल्य

के ही उसकी चिकित्सा हो जाती। केवल इस सुख के लिए बार एसोसिएशन की ठंडी हवा और सोडा-पानी छोड़ने के लिए जी नहीं चाहता था। डिबार होकर बार-रूम में जाना अपमानजनक था। सिवाय इस ठलुआ क्लब के कोई ऐसा सहृदय मंडल न था, जिसमें मेरा स्वागत हो। इसी की शरण ली। यहाँ की गप्पाष्टकें पूर्ण बेफिक्र हैं। न कोई वकालतनामे पर दस्तखत करने के लिए मेरी सुख-निद्रा को भंग करता है और न कोई पेशी के लिए जल्दी चलने को तंग करता है।

जय हो इस ठलुआ क्लब की कि इसने मेरी बेकारी के दिन काट दिए। अब वकालत शुरू करने को एक महीना शेष है, लेकिन इस क्लब की मेंबरी न छोड़ूँगा। इसने बुरे वक्त में सहायता की है। इसकी मेंबरी के लिए मुझे कोई डिबार न करेगा। बेकार वकीलों के लिए तो रोजगार से इस क्लब की मेंबरी भली। यह रोटी देती नहीं, तो छीनती भी नहीं, सौभाग्य की बात है कि इस क्लब का हाल अधिकारी जनों के सिवाय और सबों से गोपनीय रहस्य रखा गया, यह अच्छा ही हुआ। ऐसा न होता तो सारा नहीं तो आधा बार एसोसिएशन यहीं उठ आता और ऐक्ट तथा नजीरों की दुर्गंध से स्वर्ग को नरक बना देता। इस क्लब के वे अधिकारी हैं, जो कि नीचे लिखे गुणों में से एक या एक से अधिक गुण रखते हों—

(1) दुखी हों, किंतु रोवें नहीं, और यदि रोवें तो रोने में हँसने का आनंद लें।

(2) अपने सिवाय सारे संसार को मूर्ख मानें। धन कमा लेने के कौशल को मूर्खता नहीं, तो कम-से-कम धूर्तता समझें।

(3) भूखों मरते हों, किंतु स्वाभिमान-वश भिक्षा के लिए हाथ न पसारें। पसारें भी अपने दाता की ओर सिंह के समान गुर्राते रहें।

(4) धनवान हों, तो इतने कि बिना हाथ-पैर चलाए उनके घर में सोने-चाँदी के ढेर रहें, किंतु हिसाब-किताब करते समय उनका सिर दर्द करने लगे।

(5) विद्वान हों, किंतु उनका आदर-सम्मान न हो, न वह किसी

विश्वविद्यालय के परीक्षक हों और न उनकी कोई किताब किसी स्कूल में पढ़ाई जाती हो।

(6) नौकरी-पेशा, जिनकी नौकरी छूट गई हो, अथवा छूटनेवाली हो, किंतु उन्हें भविष्य में नौकरी न मिलने की आशा हो।

(7) बीमार हों, किंतु शय्यासेवी न हों। आसन्न मृत्यु न हो, परंतु जीने की भी दृढ़ आशा न रखते हों।

(8) घर-बार से छुट्टी पा चुके हों, किंतु किसी के प्रेम-पाश में न फँसे हों, और इसके साथ ही ताश और शतरंज खेलना जानते हों।

(9) भंग पीते हों, किंतु पेट भरने लायक धन कमाने की धूर्तता रखते हों।

(10) वैज्ञानिक गवेषणा करते हों, किंतु भारतवर्ष के शिक्षा-विभाग में न हों।

(11) बातूनी हों, किंतु रुपया-पैसा कमाने की बात करने को असभ्यता समझते हों।

□

विज्ञापन-युग का सफल नवयुवक

मानवीय ठलुआवृंद! मैं साधारण मनुष्य नहीं हूँ। (अपने को बड़ा कहना और समझना सफलता की कुंजी है) मैं दस सभाओं का सभापति, पंद्रह सभाओं का संचालक, बीस सभाओं का साधारण सदस्य और पच्चीस कंपनियों का डायरेक्टर हूँ। इसके अतिरिक्त 'सफलता' नाम के एक मासिक-पत्र का संपादक भी हूँ। मेरा रोजगार इतना बढ़ा-चढ़ा है कि मेरी आमदनी का औसत करीब-करीब दो सौ रुपया प्रति घंटे का होगा है। तो इससे और भी बहुत अधिक, किंतु यदि यथार्थ लाभ बतला दूँ, तो इसका गरीब भारतवासी विश्वास न करेंगे। खास तौर से जबकि वे यह जान लेंगे मैं आपके क्लब का स्थायी सदस्य हूँ।

कदाचित् आप लोगों को भी इस बात का आश्चर्य होगा कि इतनी संस्थाओं से संबंध रखता हुआ भी आप लोगों के क्लब में सबसे आगे आता हूँ और सबसे पीछे लौटता हूँ। आपके आश्चर्य का मुख्य कारण यह है कि आप लोग वर्तमान युग के चमत्कारों से (जिनका परिज्ञान केवल विलायती अखबारों के शिक्षाप्रद विज्ञापनों से ही हो सकता है) नितांत अनभिज्ञ हैं। अब आपको मैं अपनी सफलता के मुख्य कारण बतलाता हूँ। उनको जानकर शायद आपको ठलुआ-पंथी के लिए अधिक अवकाश मिल जावे।

सुनिए—

मैट्रीकुलेशन पास करते ही मैंने 30 दिन का 'शॉर्टहैंड कोर्स' पंद्रह

रुपया खर्च करके लिया। कोर्स को खत्म करके ही मुझमें पाँच सौ रुपया माहवार कमाने की योग्यता हो गई। यदि मेरा विश्वास न हो, तो उन लोगों के प्रमाण-पत्र देख लीजिए, जिन्होंने कि यह कोर्स लेकर भारतवर्ष में ही साढ़े सात सौ रुपया माहवार तक की नौकरी पाई है। मैंने केवल शॉर्टहैंड ही नहीं सीखा, वरन् दो सौ रुपया देकर तीन महीने में बैंकिंग और एकाउंटेंटी का कोर्स भी सीख लिया, और परीक्षा भी पास कर ली। अब मेरी पाँच सौ रुपया माहवार कमाने की योग्यता में क्या शक?

किंतु पाँच सौ रुपया माहवार केवल योग्यता रखने से ही नहीं मिल सकते हैं। योग्यता के अतिरिक्त प्रभाव की भी आवश्यकता है। आजकल के जमाने में प्रभाव डालने के लिए दूसरे की सिफारिश की जरूरत नहीं। दो गिन्नी खर्च करके (Personal magnetism) का कोर्स कर लिया। एक निगाह से मनुष्य को उल्लू बनाने की शक्ति आ गई। जौनपुर के काजीजी तो गधे से मनुष्य बनाया करते थे, मैं अपना काम निकालने के लिए दूसरों को गधा बनाना सीखने गया। उस कोर्स में कुछ पोशाक-संबंधी हिदायतें ही थीं। उनके लिए भी मुझे अधिक परेशान न होना पड़ा। सेल्फ मेजरमेंट फॉर्म (Self-measurement form) पर अपना नाम लिख भेजा, और एक अँगरेजी फर्म के पास भेज दिया। ठीक छठे रोज सिला-सिलाया बिना सिकन के तह किया एक सूट घर के दरवाजे पर (घर के दरवाजे पर ही पहुँचाने का वह लोग वादा करते हैं) आ गया, सूट-बूट पहनकर टेलीफोन द्वारा (Always at your command) अर्थात् सदासेवक नाम की कंपनी से एक कार खरीदने के बहाने से ट्रायल के लिए मँगा ली। उसकी टावर्स पाँच हजार मील के लिए गारंटीड थी और उनके ट्यूब्स में सेल्फ हीलिंग अर्थात् स्वयं मरम्मत करने वाला सॉल्यूशन भी पड़ा था। इसीलिए वह पंचर-प्रूफ बन गए थे। ड्राइवर महोदय जैसे मशीनरी में कुशल थे, वैसे ही चक्रपाणि होकर ड्राइविंग में भी सिद्धहस्त थे। इसके अतिरिक्त वह कायदा-कानून के पूर्ण ज्ञाता थे। वह सदा बाएँ से ही मोटर बचाते, चाहे उनके

सामने अंधा या लूला अथवा बालक ही क्यों न आ जाए। कार में बैलून टायर, चारों पहियों में ब्रेक, चारों कमानियों में शाक एब्सार्बर्स (Shock absorbers) लगे थे, और भीतर गद्दियों के ऊपर हवा भरे हुए रबड़ के तकिए लगे थे। यह न समझा जावे कि यह सब सामग्री आरामतलबी ही के हेतु थी। यह मेरी सफलता में बड़ी सहायक हुई, इसके कारण न तो मेरे कपड़ों में शिकन आई, न माथे पर पसीना, न क्रोध में भ्रू-भंग हुआ और न धक्कों के कारण दिल ही धड़का। ऐसे दैवी साधनों से युक्त गाड़ी में बैठकर सफलता में मुझे संदेह न रहा। वाहन और सफलता के संबंध को धनुर्धारी अर्जुन ही भलीभाँति जानते थे, इसीलिए उन्होंने श्रीकृष्णजी से सार्थित्व का कार्य लिया था।

सफलता की पूर्ण आशा होने के कारण मैंने अपने पथ को निर्विघ्न बनाने के अर्थ विघ्न-विदारन विनायकजी को 'वक्रतुण्ड महाकाय कोटिसूर्यसमप्रभ' आदि श्लोक द्वारा संबोधित न किया। बैंक के दफ्तर में पहुँचते ही मैंने अपना अमेरिकन, जर्मन और इंगलिश डिग्रीज से विभूषित कार्ड भेजा। बिना ब्रुश के प्रयोग के शीशे की-सी चमक देने वाली न्यूवियन ब्लैक पॉलिश से परिष्कृत जूता, बिना शिकन की पोशाक, शैवेक्स (Shavex) की सहायता से जिलेट (Gillet) द्वारा दो मिनट में साफ किया हुआ चेहरा देखकर मैनेजर ऐसा प्रभावित हो गया कि मुझे देखते ही उठ खड़ा हुआ और शेकहैंड के लिए हाथ बढ़ाया। मैंने भी बहुत सधे हुए हाथ से (जिसमें कि न तो भय और न मूर्खताजनक निर्भयता व्यंजित हो) हाथ मिलाया। अपनी हाऊ टू स्पीक एफेक्टिवली (How to speak effectively) नाम की पुस्तक में से तीन-चार चुने हुए वाक्यों द्वारा उन्हें बतला दिया कि मैं उनके यहाँ नौकरी स्वीकार कर अपनी योग्यता का परिचय देना चाहता हूँ। मेरी वेशभूषा और चेहरे का निश्चिंत भाव देखकर मैनेजर को यह विश्वास हो गया कि मैं किसी धन-संपन्न परिवार का उत्तराधिकारी हूँ और रुपए-पैसे का कार्य बेखटके मेरे सुपुर्द किया जा सकता है। उसको एक असिस्टेंट की आवश्यकता

थी। वेतन की बातचीत चली, तो 500) माहवार सहज ही में तय हो गए। नियमानुकूल जमानत माँगी गई, वह भी एक कंपनी की मार्फत दे दी गई।

मुझे कारोबार करने में कोई कठिनाई नहीं हुई। आजकल की पद्धति से सब काम मंत्रवत् हो जाते हैं। टब-स्नान के कोर्स द्वारा मैंने अपनी स्मरणशक्ति आल्हा की तलवार को भाँति खूब तीव्र कर रखा था। स्मरणशक्ति की भी खेती सी होती है। अँगरेजी में उसे 'स्मरणशक्ति की खेती' (Memory Culture) कहते हैं। फाइलें मेरे बनाए हुए इने-गिने कोड वर्डस (Code words) में रहने लगीं। छह घंटे का काम मैं दो ही घंटे में करने लग गया। मेरा मैनेजर मेरी अलौकिक प्रतिभा को देखकर दंग एवं चकित रह गया और प्रायः सभी बातों में सलाह लेने लग गया, इससे मुझे बैंक और बाजार की भीतरी बातों का परिज्ञान हो गया। खाली समय को मैंने वृथा न जाने दिया, आख्यायिका लिखने और पत्र-संचालन के कोर्स मँगा लिए। मेरी आख्यायिकाएँ भारतीय विषयों से संबंध रखती थीं। अस्तु, बड़े मूल्य में बिकने लग गईं। कई प्रकाशकों से पुस्तक लिखने की माँग आने लगी, सरस्वतीजी और लक्ष्मीजी अपना विरोध छोड़कर मेरे यहाँ वास करने लग गईं।

बैंक की नौकरी छोड़ दी और एक्सचेंज में बाजार में हजारों के वारे-न्यारे करने लग गया, अभी तक मैंने विज्ञापनों से लाभ ही उठाया था, किंतु अब मैंने विज्ञापनों द्वारा दूसरों को लाभ पहुँचाने का निश्चय कर लिया। 'रुपए की खेती', 'सोने का अंडा देने वाली मुर्गी', 'बिना पूँजी के लखपति कैसे बन सकता है ?' 'भिखारी के कुबेर', 'झोंपड़ी से राजमहल', 'सफलता की कुंजी' और 'स्वर्ण-द्वार' इत्यादि नाम की कई छोटी-मोटी पुस्तकें लिख डालीं। उनके धड़ाधड़ विज्ञापन निकलने लगे। स्वयं अपने मंत्र से मुग्ध हो गया। सोचने लगा कि अब भारत में निर्धनता की समस्या हल हो गई। एक व्यापारिक सलाह-समिति (Commercial Advice Bureau) भी खोज दी। चिट्ठियों के ढेर-के-ढेर मेरे पास आने लगे। सरकार को मेरे मकान के पास ही 'सफलता' नाम का एक पोस्ट ऑफिस भी खोलना पड़ा।

यद्यपि मेरे विज्ञापनों और चिट्ठी के कागजों पर बड़े मोटे-मोटे अक्षरों में लिखा रहता था—

'हर एक मामले पर व्यक्तिगत ध्यान नहीं दिया जाता है।'

तथापि बहुत से आदमियों की एक सी ही स्थिति थी और एक सी ही कठिनाइयाँ होती थीं और उनके प्रायः एक से ही उत्तर देने पड़ने थे। मैंने इस प्रकार की भिन्न-भिन्न स्थितियों के अनुकूल उत्तर ऐसे टाइप और स्याही में छपवा लिए, मानो वह टाइपराइटर पर से ही उतारे हों! मेरे क्लर्क लोग ही उन उत्तरों द्वारा बहुत सी चिट्ठियों का भुगतान करने लग गए। दस-पाँस चिट्ठी मेरे खास ध्यान देने योग्य रहती थीं, वह मेरे पास भेज दी जातीं, उनके उत्तर देने के लिए मुझे क्लर्कों का सामना नहीं करना पड़ता था। मेरे कमरे में एक ऐसा यंत्र रखा था, जिसमें मेरे बोले हुए उत्तर भेजे जाते; और मेरे क्लर्क लोग उनको टाइप कर हस्ताक्षरों के लिए मेरे पास भेज देते थे।

मैंने व्यापार-संबंधी व्याख्यान देना भी आरंभ कर दिया और एंप्लीफायर द्वारा दस हजार आदमियों को एक साथ मेरे व्याख्यानों से लाभ उठाने का सौभाग्य प्राप्त हो जाता। इन सब बातों के कारण मुझे अपने प्रांत की चैंबर आफ कॉमर्स (Chamber of Commerce) का मेंबर बनना पड़ा। कौंसिल में भी प्रवेश करने के लिए वोटों की भीख माँगनी न पड़ी, चैंबर की ओर से ही कौंसिल में भेज दिया गया।

इन सब कामों को करने में मुझे परिश्रम अवश्य करना पड़ता था। इसी परिश्रम के कारण कुछ बाल भी सफेद हो चले थे, लेकिन बलिहारी इस वैज्ञानिक युग की!! बिजली के इलाज से नए बाल आ गए। और मुझे कविवर केशव की भाँति केशों को यह कहकर कोसना न पड़ा कि—

केशव केशन असकरी अरि ना करिहै काहिं;
चंद्रबदनि मृगलोचनी बाबा कहि कहि जाहिं।

इसके अतिरिक्त परिश्रम सहन करने के भी बहुत नुसखे मिल गए थे। एक आने रोज के क्रूशनसाल्ट (Kruschen Salt) से भोजन का पूरा

लाभ और आनंद मिलने लग गया, और मैं बच्चों को अपनी पीठ पर बिठालकर घुड़दौड़ दौड़ने लग गया। अभी तो मैं नवयुवक ही हूँ, किंतु आगे भी 'युवावस्था-विछोह' होने का भय न रहा। मंकी ग्लांड्स (Monkey Glands) का इलाज चल गया है, यदि वह भी सफल न हुआ, तो कृत्रिम दाँत और चश्मे तो बने ही हैं। कृत्रिम चीजें स्वाभाविक रूप से अच्छी होती हैं, न उनमें दर्द की दहशत और न कीड़ा लगने की ही संभावना रहती है।

आदमी को सुखी बनाने का एकमात्र साधन यही है कि वह आँखें खोल ध्यान देकर विज्ञापनों को पढ़ता रहे और यथाशक्ति उनसे लाभ भी उठाए। विज्ञापनों द्वारा धर्म, अर्थ, काम और मोक्ष सभी के साधन मिल जाते हैं। मैं स्वयं तो इन बातों को नहीं मानता, किंतु यदि आप चाहें, तो आपके नाम से हरिद्वार में ब्राह्मण भोजन हो सकता है, गंगोत्तरी का जल सेतुबंध रामेश्वर तक पहुँच सकता है, यमुना तट पर एक श्वास में एक माला जपने वाले ब्राह्मण आपकी मनोकामनाओं को सफल करने के लिए अनुष्ठान कर सकते हैं; और अर्थसाधन का तो मैं स्वयं ही एक ज्वलंत उदाहरण बैठा हूँ। किसी बात की आवश्यकता नहीं, चिट्ठी लिखने का भी कष्ट न उठाइए, केवल जवाबी पोस्टकार्ड पर हस्ताक्षर भर कर दीजिए और सफलता आपके द्वार को खटखटाएगी। ऋद्धि-सिद्धि सब सम्मुख कर जोड़े खड़ी रहेंगी। काम-साधन में आपके हितचिंतकों की कमी नहीं, एक से एक बढ़कर पौष्टिक औषधियाँ तैयार हैं। यदि आपको कुछ कष्ट करना हैं तो केवल इसी बात के विचार का कि इनमें सर्वोत्तम औषध कौन है। उसके लिए गुप्त प्रकाशित पत्रों की गवाही बड़ी सहायक होती है। नाना प्रकार के सुगंधित तैल और इत्र आपके ऑर्डर की बाट देखते रहते हैं। कपड़ों की भी कुछ कमी नहीं, सस्तेपन की सीमा तक पहुँचा दिया। स्वयं खरीदने से ईमानदार एक बात के कहने वाले विज्ञापनों द्वारा खरीदना लाभदायक है। अपने जीवन के पुंसत्व का पूर्ण लाभ उठाने के लिए असली कोकशास्त्र और वात्स्यायन मुनि प्रणीत कामसूत्र का हिंदी अनुवाद आपको सलाह देने को तैयार है। लड़का-लड़की

पैदा करना या न करना आपकी इच्छा के अधीन है। निःसंतान या बहुसंतान के लिए आपको रोना न पड़ेगा। मोक्ष के लिए आपको योग और प्राणायाम की शिक्षा केवल दो रुपए खर्च करने से ही मिल जावेगी। वेदांत में थोड़े ही परिश्रम द्वारा पारंगत हो जावेंगे। सुदामा-कृष्ण की भाँति गुरु की धोती धोने तथा जंगल से लकड़ी ढोने की आवश्यकता नहीं। कठिन से कठिन ग्रंथों का सार केवल चार आने पैसे में ही मिल सकता है। प्राकृतिक दृश्यों और तपोवनों तथा दैवी अनुभव प्राप्त कराने वाले स्थानों के लिए रेल और मोटरकार दौड़ रही हैं। गाइड और पंडे लोग आपको ठीक आपके अभीष्ट स्थान तक पहुँचा देंगे और जहाँ भी ऋषि-मुनियों को बड़े-बड़े अनुभव प्राप्त हुए हैं, वहाँ तक पहुँचा देंगे। यदि आप चाहें तो वह आपको कमरे के भीतर ही आग तापते-तापते हो सकता है।

लोगों ने अज्ञानवश कामधेनु और कल्पवृक्ष स्वर्ण में स्थापित कर रखे थे। आजकल के वैज्ञानिक और विज्ञापन-युग में स्वर्गलोक पृथ्वी पर ही उतर आया है। रावण ने काल को पाटी से बाँध रखा था, यह आप भी कर सकते हैं। मौत पर विजय पाने का हाल आपको मालूम नहीं, क्योंकि आप विज्ञापन नहीं पढ़ते। मौत बुखार की तरह की बीमारी है, जिसका इलाज हो सकता है। पानी के गुणों को आप नहीं जानते, विज्ञापन वाले बतलाते हैं कि 'आपो वै नारायणः'। आप जीवन और मरण को हाथ में कर सकते हैं; आप भी चाहें तो 'बीमा कंपनियों' की कृपा से आपके बाल-बच्चे भूखों नहीं रोएँगे। साधारण सुखों का तो कहना ही क्या, बिजली के आविष्कार ने संसार का जीवन पलट दिया है। घंटों का काम सेकेंडों में ही हो सकता है, दूर को निकट बना दिया है। बिजली, जिससे लोग डरते थे, वह आपके घर में झाड़ू देती है। यदि आप वैज्ञानिक आविष्कारों से लाभ उठाना चाहते हैं तो विज्ञापन पढ़िए, कूप-मंडूक न बनिए, मुझे देखिए और मेरा अनुकरण कीजिए, मेरी सफलता देख बहुत से विज्ञापनदाताओं ने मेरे लिए वार्षिक वृत्ति नियत कर रखी है। क्योंकि जो कोई मुझको देखता है,

उनकी सच्चाई में विश्वास करता है। मेरा जीवन विज्ञापनदाताओं के लिए एक विस्तृत विश्वसनीय प्रमाण है। जैसा मैं हूँ, वैसे आप भी बन सकते हैं; विज्ञापनदाताओं से वृत्ति पाने के कारण मुझे उनका दूत न समझिए। मैं आपके ही हित के लिए यहाँ नित्य आता हूँ। मैं अपनी सफलता का रहस्य कृपण के धन की भाँति गड़ा हुआ नहीं रखना चाहता हूँ, उसे फैलाकर संसार को सुखी बनाना चाहता हूँ। ईश्वर मेरी सहायता करे।

□

निराश कर्मचारी

ठलुआ-क्लब के सहृदय सदस्य!

यद्यपि मैं जानता हूँ कि आप लोग मेरी आपत्तियों को निर्वाण-पद तक पहुँचाने में असमर्थ हैं, तथापि मुझे यह विश्वास है कि आप मेरी राम-कहानी को सहृदयता से सुनेंगे और लोगों को मेरी बात सुनने की फुरसत ही नहीं है। जब से मेरे मित्रों ने जान लिया है कि मैं संसार से असंतुष्ट हूँ, वे लोग मुझसे किनारा करने लग गए हैं। मैं उनको खोजता हूँ, किंतु वे विजयादशमी के नीलकंठ की भाँति छिपे फिरते हैं। वे मुझे बक्की-झक्की की उपाधियों से विभूषित करते हैं, इसलिए लाचार हो मुझे इस क्लब का मेंबर बनना पड़ा है। यहाँ पर यह तो नहीं सुनना पड़ता है 'आज मुझे विधवा-सहायक-फंड के लिए स्पीच लिखना है', 'अभी पाँच मिनट में टाउन इंप्रूवमेंट ट्रस्ट-कमेटी के सदस्य आने वाले हैं', 'ग्यारह बजकर पचपन मिनट पर जाने वाली बंबई-मेल से मेरे अमुक मित्र विलायत जाने वाले हैं', मानो मैं मित्र नहीं, शत्रु हूँ; मेरी समस्याएँ और आपत्ति कुछ हैं ही नहीं', अमेरिका के किसी होटल में अपमानित भारतवासी के लिए तो सभा सोसाइटी करते-फिरते हैं; किंतु मुझे क्या भारतवासी ही नहीं समझते; मेरा जो अपमान होता है, सो क्या कुछ नहीं! हाँ, मैं दूसरों की बुराई करते-करते आप लोगों की तारीफ करना तो भूल ही जाता हूँ।

आप लोग फुरसत की मूर्ति, दया के अवतार और सहृदयता के आगार हो; क्योंकि आप सब लोग एक न एक आपत्ति से सताए हुए हैं। ठीक है और कहा भी है—

जाके पाँव न फटी बिवाई;
सो का जाने पीर पराई।

बस, आप ही लोग मेरी कथा सुनने के अधिकारी हैं। पात्र और अपात्र का हमेशा विचार कर लेना चाहिए। खैर, सुनिए—

जब मैं पढ़ता था, तब मेरी अलौकिक प्रतिभा को देखकर मेरे अध्यापक लोग मेरे भविष्य का दमकता-चमकता दृश्य देखा करते थे। मालूम नहीं, उनकी आँखों में कोई रोग तो नहीं था? 'होनहार बिरवान के होत चीकने पात' ऐसी-ऐसी लोकोक्तियों से मेरे माता-पिता का मनोरंजन किया करते थे। शायद उन्हीं चीकने पातों के कारण आई हुई सफलता मेरे पास से ढरक जाती हो। मैं भी उन लोगों की प्रशंसा से फूलकर कुप्पा हो जाता था और शेखचिल्ली के-से मनसूबे गाँठा करता था। नितांत साधन-हीन होने पर भी मैं विलायत जाकर आई.सी.एस. पास करने के सुख-स्वप्न देखा करता था। मैंने पढ़ा था कि 'अपना लक्ष्य हमेशा ऊँचा रखो, सो सदा आकाश की ही ओर निगाह लड़ाए रहता था। मैं नवें दर्जे में पढ़ता था, विलायत-यात्रा में सहायता देने के हेतु बहुत से श्री संपन्न कुबेरों को लंबे-चौड़े पत्र लिख-लिखकर सरकार के पोस्ट-विभाग को बड़ा लाभ पहुँचाया करता था। मैंने जो फोर्ड कार कंपनी के प्रोपराइटर महोदय को पत्र लिखा था, वह आप लोगों को सुनाता हूँ; उसको सुनकर आप मेरी तत्कालीन योग्यता और रचना-कौशल का पता लगा सकेंगे।

Dear Mr. Ford,

Excuse me the courtesy of addressing you in such a familiar manner without any previous introduction. I know that you are a self-made man, and as such, you will have sympathy with every one who is willing to labour hard for study, but have not the means to undergo a higher education. I am one of such persons and am writing this request with the hope that you will be pleased to grant me an adequate yearly allowance for the study of science and engineering in your country. I may tell you that I have natural aptitude for those branches of learning, and my youth and energy will run to waste, if I am allowed to remain in this country where there are no educational facilities for students gifted with genius and orginality. I am a student of an institution run by American missionaries and have great faith in your country. I know your philanthropy is not circumscribed by the narrow boundaries of creed and country and you will not grudge a deserving student the help he needs. Should any worldly return be needed for your genersity, I would suggest that I will try my best to push the sale of your cars in my country.

yours, with every hope,

डियर मिस्टर फोर्ड,

बिना किसी पूर्व परिचय के आपको इस परिचित भाव से पत्र लिखने के साहस को क्षमा कीजिएगा। मैं जानता हूँ कि आपने अपनी उन्नति अपने ही बल के आधार पर की है और आप ऐसे विद्यार्थियों की सहायता के लिए हमेशा तैयार रहते हैं, जो शिक्षा के लिए हर प्रकार के परिश्रम करने को कटिबद्ध रहते हैं; किंतु उच्च शिक्षा प्राप्त करने के साधनों के अभाव से अपने उद्देश्य पूर्ण करने में असफल रह जाते हैं। मैं भी ऐसे विद्यार्थियों में से एक हूँ और आपके देश में विज्ञान और इंजीनियरिं पढ़ने के लिए पर्याप्त वार्षिक वृत्ति लगा देंगे। मैं आपको यह बतला देना चाहता हूँ कि इन विषयों में मुझे विशेष रुचि है। यदि मुझे इसी देश में रहना पड़े, जहाँ कि प्रतिभाशाली विद्यार्थियों के लिए कोई सुविधा नहीं है, तो मेरी युवावस्था और योग्यता वृथा नष्ट हो जावेगी। मैंने अमेरिकन पादरियों द्वारा संचालित एक संस्था में शिक्षा पाई है और मुझे आपके देशवासियों पर अधिक श्रद्धा और विश्वास है। मैं जानता हूँ कि आपकी उदारता, देश और जाति की संकुचित सीमाओं से वेष्टित नहीं है और आप ऐसे योग्य विद्यार्थियों को सहायता देने में संकोच न करेंगे। यदि

आपको सांसारिक प्रत्युपकार की आवश्यकता हो, तो मैं यह कह सकता हूँ कि मैं अपने देश में आपके मोटरों की बिक्री बढ़ाने का भरसक प्रयत्न करूँगा।

पूर्ण आशा सहित आपका—

इस पत्र में मैंने अपनी सारी योग्यता खर्च कर डाली थी। अमेरिकावालों की भी तारीफ के पुल बाँध दिए थे। अपने भावी दाता की रुचि के अनुकूल कोर्स भी बतला दिया था। उसके स्वार्थ की भी बात सुझाई थी, उसकी उदारता को भी सीमारहित बतला दिया था। अपनी दीनता-हीनता दिखलाने में कमी नहीं रखी थी, पर फल कुछ भी न हुआ। तीन महीने बाद यही उत्तर मिला कि हमारी तुम्हारी महत्त्वाकांक्षाओं से पूर्ण सहानुभूति है। तुम्हारे ही देश में शिक्षा के उत्तमोत्तम साधन हैं, उनसे ही लाभ उठाओ। ऐसे ही उत्तर और स्थानों से मिले। कोरी सहानुभूति से क्या होता है। खैर, जैसे-जैसे एक वर्ष फेल होने के बाद मैंने मैट्रिक पास किया। एफ.ए. के भी दो साल कटे। एक्जामिनरों के नोट भी मँगाए। स्मरणशक्तिवर्धक चूर्ण भी खाए। सरस्वती-मंत्र का जप भी किया। केशरंजन की शीशियों से दिमाग को बर्फ की भाँति ठंडा कर लिया; किंतु जब गजट आया—तो वहाँ मेरे नाम का नाम-निशान तक न था! समझा कि छापे वाले की भूल हो गई होगी! गजट के परिशिष्ट की बाट देखी। उसमें दो-एक और नाम तो अवश्य थे, किंतु मेरा नाम उसमें भी न था। आजकल की सी दुबारा परचे जाँचने की प्रथा पहले न थी, शायद यह प्रथा होती, तो मैं अवश्य सफल मनोरथ हुआ होता; किंतु अभाग्य है कि मैंने संसार में अवतार लेने के लिए पाँच वर्ष का विलंब क्यों न कर दिया। ऐसी कोई जल्दी भी तो न थी। मेरे बिना ही पाँच वर्ष और पृथ्वी अपनी कीली पर लटटू का-सा नाग नचाकर पाँच वर्ष और कागज की-सी काली और सफेद दिन-रात बनाती रहती; किंतु उसको मेरे उत्पन्न किए बिना अशांति थी। एफ.ए. में दुबारा इम्तिहान देकर भाग्य-परीक्षा करना उचित न समझा। क्योंकि मेरे पिताजी मेरी शिक्षा का भार सहने में असमर्थ थे। जहाँ नौकरी के लिए जाता, पूछते—क्या पास हो, मैं कहता एफ.ए. फेल, उत्तर मिलता कि साहब फेल की नहीं पूछता, वरन् पास की या साफ क्यों नहीं कहते कि मैट्रिक पास

हूँ। ऐसे कमबख्तों को बहुत कुछ समझाया कि यूनिवर्सिटी की परीक्षा पास कर लेना कोई योग्यता की कसौटी नहीं है, किंतु वे लोग तो लकीर के फकीर बने हुए हैं और बाबा आदम के समय के विचारों को नहीं भूलते। आजकल के शिक्षा-संसार में बहुत कुछ परिवर्तन हो गया है, किंतु उसकी उन्हें कुछ भी खबर नहीं। खबर तो तब हो, जब कि वह अपनी कुंभकर्णी मोहनिंद्रा से जागें। जैसे-तैसे मुझको एक रेलवे दफ्तर में क्लर्की मिली। मैंने अपने भाग्य को सराहा कि बेकारी से यही भली है। जब तक संसार में योग्यता की कदर न होगी, और युनिवर्सिटी की डिग्रियों पर लोग मुग्ध रहेंगे, तब तक तो ऊँची तनख्वाह की नौकरी मिलना कठिन था; रोजगार करें तो उसके लिए धन नहीं।

नौकरी करते-करते कुल तीन महीने भी न बीते होंगे कि दफ्तर में एक स्ट्राइक हो गया। लोगों ने मुझे जोशीला नवयुवक समझ अगुवा बना लिया। धीरे-धीरे और लोग तो क्षमा प्रार्थना करने पर फिर भरती कर लिए गए, किंतु मैंने माफी माँगना अपने सिद्धांतों के विरुद्ध समझा। मैं तो 'प्राण जाहि पर वचन न जाही' के ही सिद्धांत पर डटा रहा। इस दुर्घट संसार में सिद्धांतों की किसे परवाह है। नौकरी छूटने पर फिर कुछ दिनों जूतियाँ चटकाता फिरता रहा। भाग्य से निराश तो हो ही चला था, किंतु इस संसार में दया का बीज बिल्कुल निर्मूल नहीं हो गया। एक सहृदय सज्जन ने मुझे फिर एक दफ्तर में उसी वेतन पर क्लर्की दिला दी। चाकरी को भीख से भी निकृष्ट बतलाया है। उस दफ्तर में धीरे-धीरे मुझे इस बात का अनुभव होने लगा। काम की तो इतनी पूछ न थी, लेकिन अफसरों का आदर-सत्कार करना ही मुझे वहाँ का परम धर्म जान पड़ा। उस धर्म के पालन करने में मुझे पहले से दीक्षा नहीं मिली थी। मुझको स्कूल का छोकरा समझ मेरी बात नहीं सुनी जाती थी और यदि सुनी भी जाती, तो फौरन काट दी जाती। ऐसी अवस्था में मुझे पद-पद पर अपमानित होना पड़ता था। इस अपमान का प्रतिरोध सिवा नौकरी छोड़ने के और कुछ न था, किंतु बीच में जो दो-तीन महीने जूतियाँ चटकाते फिरते रहना पड़ा था, उसका हृदय-विदारक दृश्य मेरे स्मृति-पटल पर चित्रित होने लगा और मेरे सारे उच्च संकल्प विदा हो गए। इस्तीफा तो नहीं दिया, किंतु

नौकरी करना असह्य भार होता जाता था। यदि कुछ आमदनी अच्छी होती, तो दासत्व भी स्वीकार करना इतना बुरा न मालूम पड़ता; किंतु नौकरी में न तो फायदा ही था और न कायदा! कहा भी है—'जूठा खाना मीठे के खातिर।' कोरे रजिस्टर काले करने ही में मेरे पुरुषार्थ की इतिश्री थी। कचहरी में काम की झंझट और घर आकर देवीजी की डाँट-डपट तथा बच्चों के रोने-धोने के अतिरिक्त तकाजगीरों की माँग। इसके मारे केवल नौकरी ही असह्य न हो गई थी, वरन् जीवन की भी यही दशा हो गई थी। एक बार तनख्वाह मिलने के एक सप्ताह भीतर ही सारे महीने की कमाई तकाजगीरों की भेंट हो चुकी थी और उसके दो ही एक दिन बाद म्यूनिसिपैलिटी के वाटर-टैक्स का बिल आ गया। इस बिल के देखते ही देवता कूच कर गए। यहाँ तो घर के चूहे एकादशी करने लग गए थे और वहाँ पर सत्ताईस रुपए का बिल आ पहुँचा। बिल आते ही मुझे यह खयाल हुआ कि संभव है, म्यूनिसिपल-दफ्तर के क्लर्क से भूल हो गई हो, जिसने दूसरे का बिल मेरे नाम भेज दिया हो, अथवा मुझसे कुछ दान-दक्षिणा वसूल करने के लिए यह चाल चली गई हो। मैंने झुँझलाहट में आकर एक बहुत बड़ी चिट्ठी म्यूनिसिपल-सेक्रेटरी के नाम लिखी, किंतु घर में लिफाफा व टिकट न होने के कारण भेजी न जा सकी। म्यूनिसिपल-सेक्रेटरी को तो उस चिट्ठी के पढ़ने का सौभाग्य प्राप्त न हो सका, किंतु इस क्लब के सदस्यों को मैं इस सौभाग्य से वंचित रखना नहीं चाहता; क्योंकि आप लोगों को सुनाने में टिकट लिफाफे की जरूरत नहीं। चिट्ठी इस प्रकार थी—

'महाशय!

'मुझे अत्यंत खेद के साथ लिखना पड़ता है कि आपके वॉटर-टैक्स के व्यवहार में घोर अन्याय हो रहा है। क्या यह संभव है कि 50 रु. माहवार वेतन पाने वाला मनुष्य तीन महीने में 27 रु. का पानी पी जावे अर्थात् एक मास में 9 रु. का और एक दिन में तीस पैसे का। मनुष्य ही न ठहरा, जैसे साक्षात् अगस्त्य मुनि का अवतार हो गया। वैसे तो मैं नल का पानी पीनेवाला भी नहीं हूँ। जो स्वाद ताजे कूप-जल में होता है, वह नीरस नल के जल में

कहाँ प्राप्त हो सकता है ? तो भी आपके नगर में रहने का दंड देना पड़ता है। मैं समझता हूँ कि मैंने पहले महीने में ही आपकी सब रकम चुका दी थी। आप शायद रसीद माँगेंगे, लेकिन मैं यह नहीं समझता था कि आपके दफ्तर में इतनी बेईमानी होती है कि रुपया चुका देने पर भी बिल भेजा जाता है। यदि मैं ऐसा जनता, तो मैं अवश्य उसको कंठाभरण बनाकर रखता। आप तो अपने विभाग के लोगों को ही सच्चा कहेंगे, मुझ गरीब की कौन सुनेगा ? अदालत में आपके ही खाते प्रमाणित माने जावेंगे। मेरी जिह्वा की साक्षी को कौन मानेगा, किंतु ईश्वर का तो भय कीजिए। अदालतों का तो न्याय दिखावटी है। अस्तु, मैं यह जानना चाहता हूँ कि क्या आपने इस बात की पूरी तौर से जाँच कर ली है कि आपके कर्मचारियों ने मुझको और आपको धोखा तो नहीं दिया ? क्या आपने किसी को भेजकर मेरे घर के पानी की घड़ी को जँचवा लिया है ? उसकी सुई पानी का ठीक अंदाज बताती है या नहीं ? क्या आपको पता है कि जो मनुष्य यहाँ से टैक्स ले जाता है, वह आपकी किताबों में ठीक जमा-खर्च कराता है या नहीं ? क्या आपके क्लर्क लोग जोड़ लगाने में गलती नहीं करते ? क्या कभी ऐसा नहीं होता कि आपके खाते में एक के नाम जमा करने के स्थान में दूसरे के नाम रकम जमा हो जावे ? जब आपके यहाँ इतनी प्रकार की भूलों की संभावना है, तो आप यह किस प्रकार से निश्चय कर सकते हैं कि मेरी ही स्मरण-शक्ति की भूल है कि मैं बिना टैक्स दिए ही यह समझ बैठा हूँ कि मैं कौड़ी-कौड़ी अदा कर चुका हूँ। यदि आप यह चाहते हो कि लोग आपकी संस्था को ईमानदार समझें और उसका आदर करें तो आपको उचित है कि मेरे पास दुबारा तकाजा भेजने के पूर्व ऊपर लिखी सब बातों की पूरी-पूरी जाँच कर लें, नहीं तो आप मनुष्य और ईश्वर के आगे दोषी ठहरेंगे। केवल इस संसार ही में आप अपयश के भागी न होंगे, वरन् परलोक में भी इस अपराध के लिए आपको घोर यम-यातनाएँ सहनी पड़ेंगी। यह न समझिएगा कि आप यह कहकर बच जावेंगे कि यह आपके दफ्तर की भूल थी। आप अपने उत्तरदायित्व का खयाल कीजिए। जब बिलों पर आपके हस्ताक्षर होते हैं, तो उनकी सत्यता के लिए आप ही उत्तरदायी हैं।

आशा है कि आप इस मामले की पूर्णतया जाँच-पड़ताल कर अपनी भूल को स्वीकार करेंगे।

यह तो लिखकर मेज पर रख दिया और बिल को फिर ध्यानपूर्वक देखा, तो मालूम हुआ कि इसमें पिछली तिमाही का भी महसूल शामिल था। मुझे याद करते-करते तीन महीने बीत चुके थे और यह म्यूनिसिपल कमेटी की कृपा ही थी कि उन्होंने मेरे ऊपर नालिश कर घर के टूटे-फूटे बरतनों का भार हलका नहीं कर दिया। दूसरी बात यह है कि एक बार नल को खोलकर मैं उसे बंद नहीं करता था, क्योंकि बार-बार खोलने और बंद करने का कष्ट कौन उठावे? यद्यपि मैंने इतना पानी नहीं पिया, तब भी म्यूनिसिपैलिटी का पानी तो खर्च हुआ ही। इसमें उनका क्या दोष? इन सब बातों को सोच-विचार कर मैंने अपने ऊपर 27 रु. और ऋण-भार बढ़ा लिया और चुपके से म्युनिसिपैलिटी का बिल चुका दिया। मेरे तकाजगीरों का दल बरसाती मेंढक की भाँति बढ़ता ही गया। जिधर जाऊँ, उधर किसी न किसी ब्योहरे से भेंट हो जावे। बस, मैंने यह सोचा कि किसी-न-किसी प्रकार इस शहर से छुटकारा पाऊँ, किंतु बिना किसी से लड़े-भिड़े और नौकरी छोड़ने का भार बिना किसी के सिर पर रखे, मुझे उस नगर से प्रयाण करना रुचिकर न था। बहाना भी शीघ्र ही आकर उपस्थित हो गया।

एक बार लाट साहब के यहाँ गार्डन-पार्टी हुई। मेरे दफ्तर में जो बड़े-बड़े हेड थे, उनके लिए तो निमंत्रण आया और मालूम नहीं कि मुझे उस गौरव से क्यों वंचित रखा गया। जिस समय असहयोग के भाव, जिनका कि बीज मेरे हृदय में समूल नष्ट न हो गया था, मेरे मन में आते थे, उस समय तो मैं यह समझता था कि गार्डन-पार्टी में न जाना मेरे लिए कोई लज्जा का विषय नहीं, किंतु जब अपने नित्य के मिलनेवालों के साथ स्पर्धा के भाव जाग्रत् हो आते, तो मैं इस अपमान हो सहन करने में असमर्थ हो जाता। सोचने लगता कि यह उसी हेड की बदमाशी है, जिससे कि मैं एक बार ऑफिस में लड़ पड़ा था। 'गंगा तो आने ही को थी, भगीरथ के सिर पड़ी।' विष्णु भगवान् के सिवाय, जो शेष-शय्या का सेवन करते हैं, खटमलों के भय से कोई चारपाई

नहीं छोड़ता, किंतु मैं तकाजगीरों के भय से नौकरी छोड़ने को सहर्ष तैयार था। मैंने नौकरी को तिलांजलि देने का दृढ़ संकल्प कर, एक बहुत आत्म-गौरवपूर्ण शब्दों में त्याग-पत्र लिखा। त्याग-पत्र लिखने से भी मेरा संतोष न हुआ, क्योंकि मैं समझता था कि त्याग-पत्र तो अफसर महोदय चुपके से पढ़कर जेब में रख लेवेंगे और मैं अपने अपमान का शान के साथ बदला न ले सकूँगा। मैं फौरन ही अफसर साहब के ऑफिस में चला गया और जो कुछ मन में आया कह सुनाया। त्याग-पत्र को बड़े गौरव के साथ मेज पर फेंक दिया। वैसे तो ऐसी छोटी बात पर त्याग-पत्र देने की आवश्यकता न थी और दे भी देता तो साधारण स्थिति में अफसर लोग समझा-बुझाकर उसे वापस करा देते; किंतु मेरे शब्दों की बाण-वर्षा ने उनके हृदय से सहृदयता और सज्जनता के भावों को कोसों दूर भगा दिया था। उन्होंने मेरा त्याग-पत्र सहर्ष स्वीकार कर लिया। इतनी गनीमत रही कि गजट में मेरी प्रशस्ति सही करा दी। अभी एक बार फिर नौकरी करने की लालसा लगी हुई है। यद्यपि आशा तो बहुत कम है, तथापि इसके पास से मुक्त होना भी मुश्किल है। इसके अतिरिक्त किया भी क्या जावे? बस यही आकांक्षा है कि इस ठलुका-क्लब की मेंबरी करते हुए आप लोगों की सहृदयता-रूपी तेल से इस दीपक को जगमगाता हुए बनाए रखूँ।

□

समालोचक

प्रिय ठलुआ क्लब के सदस्य!

मैंने इतिहास में बड़े-बड़े राजा-महाराजाओं का वृत्तांत पढ़ा था। उसके पढ़ने से और तो कुछ फल न हुआ, किंतु मेरे दिमाग का पारा सातवें आसमान पर पहुँच गया। मेरी यह महत्त्वाकांक्षा हुई कि मैं भी सिकंदर और नेपोलियन की भाँति मानव-जाति पर विजय प्राप्त कर शासन करूँ और अपने आतंक से सारे संसार को हिला डालूँ। इस बे-मुल्क की नवाबी के लिए मेरे पास कोई साधन न था। जब इसका मुझे स्मरण आता, तभी कालिदास की 'प्रांशुलभ्ये फले मोहाद्वाहुरिव वामनः' की उक्ति याद आ जाती थी। मैंने अपनी महत्त्वाकांक्षाओं को अपने एक मित्र से कहा। उन्होंने मुझे समालोचक बनने की सलाह दी। पहले तो मैंने उनकी बात का विश्वास न किया, किंतु जब मैंने एक बड़े लेखक को समालोचक के भय से एक पेज को चार बार लिखते देखा, तो मेरे विचार में आया कि 'बुढ़िया के टपके' की भाँति समालोचक भी कोई भयंकर जंतु है, जिसके भय से बड़े-बड़े सरस्वती-पुत्र अपने कान खड़े कर लेते हैं। फिर मुझे अपने मित्र की बात में संदेह न रहा और तुरंत मैंने भी समालोचक बनने के हेतु कमर कस ली। मैंने समझ लिया कि यही बे-मुल्क की नवाबी है। समालोचकी सीखने का भारतवर्ष में कोई स्कूल तो है ही नहीं, किंतु दो-चार व्यक्तियों से पूछने पर ज्ञात हुआ कि जिनको कुछ काम नहीं, वे ही समालोचक बन सकते हैं। इस गुण की मुझमें कमी न थी। केवल थोड़ी मूर्ख-मोहिनी विद्या की आवश्यकता है, और यदि धन की कमी न हो,

तो एक फाउंटेन पेन (Fountain Pen) भी खरीद लेना चाहिए। समालोचक बनकर काव्य की ही नहीं, वरन् सारे जीवन की भलीभाँति समालोचना कर सकते हैं। बेकारी की उपाधि मुझे प्राप्त थी ही। दो-चार संग्रह-ग्रंथ पढ़ लिये, फाउंटेन पेन भी खरीद लिया, फिर मैंने निर्द्वंद्व हो समालोचना का कार्य आरंभ कर दिया।

समालोचक को अर्थ-लाभ तो थोड़ा ही होता है, किंतु यश के (जिसमें अपयश शामिल है) लाभ की कमी नहीं। एक साथ ही साहित्य-संसार में सूर्य नहीं, तो दामिनी-दमक का-सा चमत्कार कर देने के लिए इसके सिवाय और कोई उपाय न था कि मैं दिल खोलकर वर्तमान लेखकों की कृतियों में छिद्रान्वेषण करूँ। दोष-द्रष्टा संसार की निगाह में लेखक की अपेक्षा बल्लियों ऊँचा समझा जाता है। यदि ऊँचा न होता, तो गिद्ध-दृष्टि से देखे भी तो किस प्रकार? मैं शीघ्र ही समालोचना के मंच पर विराजकर साहित्य-संसार का लक्ष्य बन गया। समालोचकों की नामावली में मेरी भी गणना होनी अनिवार्य हो गई। मैं तो अपने को पाँचवें नहीं-नहीं, चौथे ही सवारों में बहुत दिनों से समझे बैठा था, किंतु अब तो और लोग भी मुझे बिना संकोच के साहित्य के शहसवारों में गिनने लगे। मुझे भी अपनी जाति का गौरव होने लगा। यद्यपि मैं आपके ठलुआ क्लब का मेंबर हूँ, किंतु इससे यह न समझ बैठिएगा कि संसार में हमारी जाति के लोगों की उपायोगिता नहीं है। हम ही समाज और साहित्य को अतिशयता की ओर जाने में ब्रेक और सेफ्टी वाल्व का कार्य करते हैं। हमारे ही भय से दुनिया डटी हुई है, नहीं तो सुधारक लोग इसे कभी का उलट-पलट डालते। हम लोगों की लेखनी के भावी आघातों से भयभीत हो शासक लोगों की न्याय-परायणता उचित मात्रा से अधिक बढ़ने नहीं पाती। हम ही लोक सम्मति के अधिष्ठान हैं। जैसे 'राजा करें सो न्याय', वैसे ही जो कुछ हम कहते हैं, वही सत्य और लोक-मत समझा जाता है। समालोचना करने में तो हम ईश्वर तक को भी नहीं छोड़ते, लेकिन यह नहीं मालूम होता कि उस पर हमारे लेखों का कहाँ तक प्रभाव पड़ता है। अस्तु, उस पर कुछ असर हो या न हो, किंतु मानव-समाज को तो हम अपने चंगुल में ही दबाए

हैं। लोग जितने ही बड़े होते हैं, उतने ही हमसे डरते हैं। बड़े-बड़े राजा-महाराजा, राजनैतिक नेता, धर्म-प्रचारक और जाति-सुधारक हमारे शासन को मानते हैं। (केवल पागल, फकीर और नंगे लोग ही हमारे अधिकार से बाहर हैं, उनकी हमको कुछ परवाह भी नहीं) लेखक लोग तो मानो ईश्वर ने हमारे अधिकार जताने के लिए ही बनाए हैं। वह हैं भी इसी योग्य। यदि उनको हम लोगों का भय न होता, तो वे अपने को संसार में सबसे बड़े समझदार ब्रह्मा से भी बढ़ जाते।

मम्मटाचार्य ने तो नियतिकृतिनियरमहितां का विशेषण दे कवि की वाणी को ब्रह्मा की रचना से श्रेष्ठ बता ही दिया है, किंतु हम लोगों के भय से बेचारों को अपनी कल्पना का संकोच करना पड़ता है। जहाँ सीमा-उल्लंघन करने की नौबत आई, वहीं उनका इस भय से हाथ काँपने लगता है कि कहीं हम लोग आकर उनका गला न घोंट देवें। हम लोगों के कारण इनके होश-हवास ठिकाने रहते हैं; यदि कहीं प्रमादवश एक-आध बात इधर की उधर लिख जावें, और कहीं हम लोगों की आवाज धीरे से भी उनके कान तक पहुँच गई, तो वह प्रकाशकों की (दूसरे संस्करण के लिए) नाक में दम कर देते हैं, समझते हैं कि दूसरे संस्करण में तो हम लोगों को वह नीचा दिखा ही देंगे; लेकिन भला वह हम लोगों की कहाँ बराबरी कर सकते हैं? इधर से उधर जोड़-बटोरकर ताना-बाना बुनना पड़ता है और उसमें दो-चार छिद्रों का रह जाना कोई असंभव बात नहीं; फिर क्या, हमारी बन पड़ती है। उन्हीं छिद्रों में अपनी लेखनी को डाल, उनके बने हुए पाटंबर की धज्जी-धज्जी उड़ा दी जाती है; और फिर उन्हें चुप होकर ही बैठना पड़ता है। बेचारे यह कहकर अपना मन समझा लेते हैं कि हम ऐसे क्षुद्र लोगों को उत्तर देकर अपने को क्षुद्र नहीं बनाना चाहते। वह क्या हमारी बराबरी करेंगे? हाथी चले जाते हैं और कुत्ते तो भूंका ही करते हैं, यह सब कहना निरुत्तर होने का द्योतक है। जहाँ किसी एक बात का भी उत्तर मिल गया, तो फिर अपना बड़प्पन भूल, मैदान में आ कूदते हैं; किंतु फिर भी पछाड़ खानी पड़ती है। कारण यह है कि दाई से पेट नहीं छिपाया जा सकता।

समालोचक बनने के पूर्व थोड़ी-बहुत लेखकी में हम भी अपनी टाँग अड़ा चुके हैं, और इस कारण लेखकों की सब चालाकियाँ जाने रहते हैं। सर्प ही को सर्प के पैर दीख सकते हैं, इसी सिद्धांत के अनुसार चोर ही को दूसरे की चोरी का शीघ्र पता लग जाता है। लेखक तो अपने मन में यह समझते हैं कि यदि हमने बँगला या अंग्रेजी से अनुवाद कर लिया, तो दूसरा कोई क्या पता कर सकेगा; परंतु हम लोगों को सिवा चोरी ढूँढ़ने के दूसरा काम ही क्या है? जहाँ अल्प-मात्रा विचारसाम्य का पता चल गया, तो फिर क्या, हम लोग राई से पर्वत कर दिखा देते हैं। विनीत सत्यवक्ता लेखकों पर तो हमें दया आ जाती है। कभी-कभी हम भी शिष्टाचार में आकर लिख देते हैं कि 'अनुवाद में मूल से भी अधिक आनंद आता है' अथवा कि यह 'विचार-साम्य आकस्मिक है'; किंतु जहाँ पर मौलिकता का दावा किया जाता है (स्वयं लेखक तो इतनी अशिष्टता नहीं करते, किंतु दो-एक ऐसे पृष्ठपोषक रखते हैं कि जिनके प्राक्कथनों द्वारा अपनी मौलिकता की पूर्णतया प्रशंसा करा लेते हैं), वहाँ तो हम लोगों के लिए चुनौती-सी दे दी जाती है। यदि हम पूर्वापर लगातार लेखक महोदय की मौलिकता की मूल खोज निकालें तो हम पर असहृदयता का दोषारोपण करना हमारे साथ अत्याचार है। खैर, हम भी इस अत्याचार को चुपके से सह लेते हैं, क्योंकि हम जानते हैं कि 'भूखा मरता, क्या न करता।'

हम लोगों के तीक्ष्ण दंतों की चोट खाए हुए एक सुविख्यात लेखक ने हमें गर्दभराज की पदवी देकर नवतृणांकुर समर्पण किए हैं और हमारे पूर्वावतारों का वर्णन करते हुए महाराजा दशरथ और युधिष्ठिर को स्वर्ग से घसीट लाए हैं। यह कहते हैं कि यदि यह महात्मागण हमारे पूर्वावतार न होते, तो एक ऐसे सुपुत्र को और द्रौपदी ऐसी सती भार्या को कष्ट न पहुँचाते। अस्तु, लेखनी तो आपके हाथ में है, चित्रकार और सिंह की-सी बात है। जो चाहे, सो कह लीजिए। छोटों का कहना ही क्या? बड़े-बड़े लोगों ने हमसे बदला लेने का यत्न किया है। चाहिए तो यह कि वर्तमान लेखक हमारे वचनों का बुरा न मानें, क्योंकि जब हम कालिदास जैसे धुरंधर कवि की निरंकुशता और

तुलसीदास ऐसे कवि-शिरोमणि की कविता में छंदोभंग के दोष निकालने में नहीं हिचकते, तो वर्तमान लेखक फिर कहाँ बचे ? किंतु यह लोग अपने को भवभूति और कालिदास से अधिक नहीं, तो कम नहीं समझते। फिर हमारी बातें उनको कहाँ सहन हो सकती हैं ? हमारे आघातों से बचने की पेशबंदी में गणेश और शारदा के साथ हमारी भी वंदना कर दी जाती है। महात्मा तुलसीदासजी ने हमारे ही लिए लिखा है—

छमिहहिं सज्जन मोरि ढिठाई। सुनिहहिं बाल वचन मन लाई॥
निज कबित्त केहि लागि न नीका। सरस होई अथवा अति फीका॥
कवि बिबेक एक नहिं मोरे। सत्य कहौं लिखि कागद कोरे॥

—इत्यादि

पंडितराज जगन्नाथ पहले ही तारीफ न करने वालों को अजान बगुला बना देते हैं। उनकी बुराई कर कौन बगुला बनेगा ? देखिए—

कमलिनि मलिनीकरोषि चेतः
किमिति बकैरवहेलिताऽनभिज्ञैः
परिणतमकरन्दमार्मिकास्ते
जगति भवन्तु चिरायुषो मलिन्दा।

—पंडितराज जगन्नाथ

भवभूतिजी पहले से ही हार-सी मान लेते हैं कि वह कविता और बनिता को एक कर देते हैं। देखिए—

सर्वथा व्यवहर्तव्ये कुतो ह्यवचनीयता।
यथा स्त्रीणां तथा वाचां साधुत्वे दुर्जनो जनः॥

—भवभूति

कुटिल मनुज सो रहि सकत, भला कौन निस्संक।
सद्‌वनिता कवितान में, जो नित लखत कलंक॥

—सत्यनारायण

जयदेव जैसे भक्तकवि भी अपनी प्रशंसा किए बिना नहीं रहते। देखिए—

वह अपनी कविता की मिठास के आगे संसार भर की मधुर वस्तुओं को तुच्छ समझते हैं—

साध्वी माध्वीक चिन्ता न भवति भवत: सैर्करे कर्कशासि
द्राक्षे द्रक्ष्यन्ति के त्वाममृत मृतमसि क्षीर नीरं रसस्ते;
माकन्दक्रंदकान्ताधरधरणितलं गच्छन्ति भावं।
यावच्छृङ्गरसारस्वतमिह जयदेवस्य विष्वग्वचांसि।

—जयदेव

कुछ बुद्धिमान् लेखक हम लोगों को रिश्वत देने लग गए हैं। बड़े नम्र भाव से अपनी पुस्तक के ऊपर लिख भेजते हैं कि 'आशीर्वादात्मक समालोचनार्थ।' ऐसी नम्रता के आगे हम लोगों में जो विशेष अनुभवी नहीं हैं, उनके अस्त्र-शस्त्र ढीले पड़ जाते हैं; किंतु धुरंधराचार्यों को कृष्ण भगवान् की भाँति मोह नहीं सताता और वह अपने कर्तव्य से च्युत नहीं होते। अस्तु, जो कुछ भी हो, हम लोगों ने आजकल संसार में अच्छी धाक जमा ली है, और कुछ लाभ नहीं, तो पुस्तकें ही पढ़ने को मिल जाती हैं, और उसके बदले में काम कितना? केवल दस-पंद्रह लाइनें लिखना! वह कुछ कठिन कार्य नहीं। पुस्तक के प्रकाशक और लेखक के नाम लिखने में ही दो-एक लाइनें खत्म हो जाती हैं। तदंतर मूल्य और पृष्ठसंख्या एवं कागज की छपाई, सफाई, कटाई, बँधाई की थोड़ी-बहुत प्रशंसा कर दी। विषय-सूची को देखकर पुस्तक में प्रतिपादित विषयों के नाम दे दिए, और यदि उस संबंध में कोई श्लोक या अन्य कोई वार्त्ता स्मरण आ गई, तो उसे नोट कर दिया। बस, हमारे कर्तव्य की इतिश्री हो गई। लेखक भी इससे अधिक नहीं चाहते। यदि अवकाश न हुआ, तो हमने भी इतने में संतोष कर लिया और यदि थोड़ा-बहुत अवकाश मिल गया गया, तो बेधड़क समालोचक होने की ख्याति प्राप्त करने के अर्थ दो-चार पुस्तकों की विस्तृत समालोचना लिखा डाली; और फुरसत से बैठ दिन भर आनंद किया।

सबसे सुखी हम ही हैं। हम चाहे जिसको बुरा-भला कह डालते हैं। हमको बुरा-भला कहनेवाला कोई नहीं। संसार की सब शक्तियों से बढ़कर हमारी शक्ति है, जिसके प्रभाव से सब सिर झुकाते हैं। हमारे प्रसन्न करने

का रहस्य बहुत लोग खोज रहे हैं, किंतु बिना हमारी कृपा के यह गोपनीय रहस्य किसी को प्राप्त नहीं हो सकता। भगवान् की भाँति हमारे लिए भी कहा जा सकता है—

'सोइ जानत जिहि देहु जनाई। जानत तुमहि तुमहि ह्वै जाई॥'

—गोस्वामीजी

संसार के लाभार्थ आज मैं स्वयं आप लोगों के सम्मुख यह रहस्य प्रकट कर रहा हूँ। जो लेखक इन बातों पर ध्यान देवेंगे, उनको तीनों काल में दुष्ट समालोचना की बाधा न सतावेगी; और वे गोपद की भाँति अकीर्ति के दुस्तर सागर से अनायास ही तर जावेंगे—

(1) साधारण पुस्तक भी बढ़िया प्रेस में छपवाइए और पुस्तक का राजकीय संस्करण समालोचक की सेवा में भेजिए। जहाँ तक हो सके साधारण संस्करण कभी न भेजिए।

(2) पुस्तक के ऊपर 'समालोचनार्थ' लिखकर साधारण बुकपोस्ट से न भेज दीजिए। एक पत्र भी लिखने का कष्ट उठाइए, और बड़े नम्र भाव से लिखिए कि इस पुस्तक के विषय में अपनी अमूल्य सम्मति प्रदान करके मुझे अनुगृहीत कीजिए। इस विषय में आचार्यों का मतभेद है कि पुस्तक पर कुछ लिखा जावे या नहीं। कुछ लोग तो पुस्तक पर 'समालोचनार्थ' लिखे रहने में अपना गौरव समझते हैं और कुछ लोगों का यह कहना है कि जो लोग पुस्तक पर कुछ लिख देते हैं, वह अपने समालोचक को चोर समझते हैं और इस भय से कि पुस्तक कहीं बेच न दी जावे, अपनी निशानी डाल देते हैं। इस विषय में लेखकगण अपनी बुद्धि का उपयोग करें। यहाँ पर अंधे की लाठी काम न देवेगी।

(3) यदि संभव हो तो किसी धुरंधर समालोचक से भूमिका लिखवा लीजिए, तो हम सब लोग आँखें मूँदकर उनका अनुकरण कर देवेंगे।

(4) अपनी भूमिका में अपने प्रतिपादित विषय का संक्षेप में वर्णन

कर दीजिए, जिससे कि हमको पूरी पुस्तक पढ़ने का कष्ट न उठाना पड़े।

(5) विषय-सूची के अध्यायों के साथ अधिकारियों की भी नामावली दे दीजिए और पेज के सिरे पर भी उस पेज की मुख्य बात लिख दीजिए।

(6) प्रूफ किसी समाचार-पत्र वाले से दिखला भेजिए, क्योंकि जहाँ और कोई भूल नहीं मिलती, वहाँ हम लोग प्रूफ की अशुद्धियाँ से लाभ उठा लेते हैं।

(7) दो-चार बड़ी पुस्तकें—जैसे एनसाइक्लोपीडिया ब्रिटेनिका (Encyclo- paedea Britanica) या एथेनोलॉजिकल सर्वे ऑफ इंडिया अथवा त्रैवार्षिक खोज की रिपोर्ट का उल्लेख अवश्य कर दीजिए। यदि हो सके तो हर्बट स्पेंसर, हक्स्ले, बर्गसां, हडसन हैजलिट आदि बड़े-बड़े अंग्रेजी लेखकों के नाम खींच-तानकर घसीट लाइए।

(8) यदि प्राचीन कोई विषय हो, तो किसी नवीन ग्रंथ के अवतरण देकर उसकी पुष्टि कर दीजिए! जिससे हमको तुलनात्मक शब्द व्यवहार करने का अवसर मिल जावे।

(9) किसी बात को बिल्कुल निश्चित रूप से न कहिए। सदा बदलने की गुंजाइश रखिए।

(10) यदि चोरी कीजिए, तो किसी नितांत अपरिचित ग्रन्थ से कीजिए और फिर किसी स्थान में भी उस ग्रंथ का जिक्र न कीजिए। उस ग्रंथ पर कोई अपने हाथ का नोट न लिखिए और न उसके विषय में अपने किसी मित्र से कहिए।

(11) मौलिकता की अधिक डींग न मारिए और कुछ साधारण बातों में दूसरों की कृतज्ञता भी स्वीकार लीजिए। अतिशय विनीत भाव भी अच्छा नहीं। भूमिका न लिखिए, तो सब आपत्तियों से बच जाइएगा।

(12) ऐसी पुस्तक समालोचक के पास न भेजिए, जिसमें किसी ऐसे व्यक्ति की बुराई हो, जिनको कि वह श्रद्धा की दृष्टि से देखता हो।

(13) यदि हम लोगों में से किसी ने पुस्तक लिखी हो, तो उसकी उदारता के साथ प्रशंसा कर दीजिए। फिर क्या है!

मन तुरा हाजी विगोयम तोमरा काजी बिगो

(14) समालोचना के लिए पुस्तक भेजने से पूर्व यदि हम किसी पत्र के संपादक हों, तो हमारे अखबार के लिए दो-चार महत्त्वपूर्ण लेख लिख दीजिए; और नहीं तो कम-से-कम ग्राहक ही बन जाइए। अपनी पुस्तकों के विज्ञापन हमारे ही अखबार में छपवाइए।

(15) हमारा और जो कुछ उपकार हो सके, सो कर दीजिए। सोना-चाँदी तो चाहिए ही नहीं, हमको वोट देकर किसी सभा-सोसाइटी का मेंबर करा दीजिए। दो-चार मान-पत्र दिलावा दीजिए। अपनी पुस्तक में हमारी पुस्तकों का उल्लेख कर दीजिए। इत्यादि।

□

ठलुआ क्लब की छठी बैठक

प्रेमी वैज्ञानिक

विज्ञ ठलुआ-वृंद!

यद्यपि संतति के अर्थ, जो कि संसार की आवश्यकताओं में से है, प्रेम वांछनीय है; तथापि इसके पूर्व प्रेम को एक प्रकार का पागलपन ही समझता था। क्योंकि मेरे लिए यह एक बड़ी समस्या थी कि एक व्यक्ति दूसरे व्यक्ति के वश में किस प्रकार हो जाता है और किस प्रकार वह उसके आगे कठपुतली की भाँति नाचता है तथा उसकी आज्ञाओं के लिए चातक की भाँति तृषित रहता है और उनके पूर्ण करने में असंभव को संभव कर दिखाने का साहस रखता है। अपने प्रेमास्पद को सारे जगत् का केंद्र मान संसार की अवहेलना करता है और उसी को अपनी सारी क्रियाओं का अंतिम लक्ष्य बना लेता है। इन सब बातों को मैंने उपन्यासों में पढ़ा था। इतना ही नहीं, दूसरों को इस दशा में देखा भी था, किंतु स्वयं मुझे यह दशा प्राप्त नहीं हुई थी। इसी कारण मैं प्रेमी मनुष्यों को कुछ संदेह की दृष्टि से देखा करता था।

मैंने परमाणुओं में मैत्री और चुंबक में आकर्षण-शक्ति का होना पढ़ा था, किंतु प्रेम के रहस्य का उद्‌घाटन करने में समर्थ न था। क्योंकि सब मनुष्यों के परमाणु तो एक-से ही हैं, फिर उनकी आकर्षण-शक्ति किस प्रकार भिन्न-भिन्न होती है। लोग मुझसे कहते थे कि प्रेम का भूत कभी-न-कभी प्रत्येक मनुष्य को आ दबाता है। शिव, नारद और विश्वामित्र भी नहीं बचे, फिर हम मानव देहधारियों की क्या गणना है ? किसी भाँति यह ठीक भी हो, किंतु मैं यह समझता था कि प्रेम विज्ञान के अभेद्य दुर्ग में प्रवेश नहीं कर सकता है। वैज्ञानिक लोगों के पास भौतिक नियमों का प्रेम-प्रूफ कोट रहता है, इसलिए उनको प्रेम की ज्वाला स्पर्श तक नहीं कर सकती है।

मेरे इन अभिमानपूर्ण वाक्यों को सुन, दो-एक मनुष्य हँसे और उन्होंने कहा कि प्रत्येक मनुष्य के 'हृदय की प्यास' एक सी नहीं होती। जब अनुकूल पात्र मिल जाता है, जब ही तृप्ति होती है। इस भविष्यवाणी के पूरा होने के लिए मैं भी उत्सुक था, क्योंकि इस पागलपन के रहस्यमय आनंद में मुझे विश्वास तो न था, किंतु मैं वैज्ञानिक होने के कारण किसी बात को संभावना के क्षेत्र से बाहर न समझता था और सब बातों को अनुभवगत करना मैं अपना परम धर्म मानता था।

मैं डी.एस-सी. पास कर चुका था और मुझे एफ.आर.एस. की पदवी प्राप्त हो चुकी थी। मेरी मित्र-मंडली मुझे श्रद्धा और गौरव की दृष्टि से देखती थी और मेरे भविष्य के लिए आशा के बड़े-बड़े पुल बाँधा करती थी। लोग समझते थे कि मैं वेदों के बीज-रूप विज्ञान को फलवान बना सकूँगा। मित्रों के अनुरोध से मैंने हिंदी-भाषा में लेख लिखना शुरू किया। मित्रों का कहना था कि यह अपने देश और भाषा के लिए बड़ी गौरव की बात है कि मुझ-जैसा मौलिक विचारवाला वैज्ञानिक हिंदी में लिख-पढ़ सकता है। मैं अपने मातृभाषा की बुभुक्षा को तृप्त न करूँ तो महान् पाप का भागी होऊँगा, इसी भय से जैसे-तैसे मैंने नागरी प्रचारिणी सभा के हिंदी-वैज्ञानिक कोष की सहायता से 'शक्ति-स्थिति' (Conservation of energy) पर एक लेख लिखकर ज्योति नाम की पत्रिका में भेज दिया। लेख छपा, किंतु उसके नीचे यह दोहा लिखा था—

'सरस्वति के भंडार की बड़ी अपूरब बात।
ज्यों खरचै त्यों-त्यों बढ़ै, बिन खरचे घट जात॥

—वृंद

इस दोहे को पढ़ते ही मैं चकित रह गया। मेरी विचारधारा उलटी बह चली। मैं 'शक्ति-स्थिति' के प्रतिकूल विचार करने में एक वैज्ञानिक पाप समझता था! महामहिम अपेक्षावाद के प्रचारक आचार्य 'आइंस्टाइन' के आविष्कारों से भी मेरा विचार न हटा था, न रेडियम ने ही मेरे ऊपर अपना प्रभाव डाला था। किंतु ज्ञात नहीं कि इस दोहे में कौन-सा जादू भरा था। मैंने

दोहे को एक बार फिर पढ़ा, दोहा कोई नया दोहा न था। यद्यपि मैं साहित्यिकों में से नहीं हूँ, तथापि शिक्षावलियों का ज्ञान तो नहीं भूला था। उस दोहे ने 'शक्ति-स्थिति' के नियम पर एक नया आलोक डाला, वास्तव में हमारी मानसिक क्रियाएँ 'शक्ति-स्थिति' के नियम से बाहर हैं। जब मैंने दोहे पर तिवारा दृष्टि डाली, तो उसके नीचे महिला का नाम 'प्रमोदबाला' लिखा देखा। वह नाम भी बड़ा मनोहर था। एक बार तो मेरा आत्म-गौरव आहत सा प्रतीत हुआ। मैं और एक स्त्री के लिखे हुए दोहे पर अपना विचार बदलूँ! संसार मुझे मूर्ख समझेगा। स्त्रियों का वैज्ञानिक क्षेत्र में क्या काम? तुरंत ही विचार ने फिर पलटा खाया। सोचा कि वर्तमान युग में रेडियम का आविष्कार बड़े महत्त्व का समझा जाता है और उसकी आवष्कर्त्री मैडम क्यूरी एक स्त्री-रत्न ही है; फिर मुझे स्त्रियों को वैज्ञानिक क्षेत्र से बाहर करने का क्या अधिकार! ऐसे ही विचार करते-करते कुछ दिन बीत गए। इस बीच में 'ज्योति' के संपादक महोदय की एक माँग आ गई, उन्होंने लिखा कि उनकी पत्रिका मुझ ऐसे विद्वानों के ही सहारे पर चल रही है। वैसे भी लेखक के लिए इतना प्रोत्साहन काफी है, किंतु इस पत्रिका ने मेरे विचारों को उत्तेजित किया था, फिर ज्ञानांजनशलाका से मेरे नेत्रों को उन्मीलन करने वाली गुरुरूपा पत्रिका की क्यों न सेवा करता। अस्तु, मैंने अपेक्षावाद पर एक लेख फिर भेजा, वह भी यथासमय प्रकाशित हुआ। ठीक पहले की भाँति उसके नीचे अब की बार यह दोहा लिखा था—

'हौं ही बौरी बिरह बस, के बौरो सब गाँव।
कहा जानिए कहत हैं, ससिहि सीत कर नाँव॥'

—बिहारी

इसके पूर्व मुझे इतना संदेह अवश्य होता था कि पहला दोहा जान-बूझकर लिखा गया है। अथवा 'सुभाषित की रीति से लिख दिया गया है', किंतु इस दोहे को पढ़कर यह संदेह मिट चला कि 'ये दोहे सुभाषित मात्र हैं।' इसके साथ एक नई विचारमाला यह उठ खड़ी हुई कि 'इन दोहों की लेखिका क्या मुझको जानती है?' क्या इसने मुझे देखा है? या यह मुझसे

शास्त्रार्थ करना चाहती है ? शास्त्रार्थ क्यों, अब की बार का दोहा तो मेरी पुष्टि में ही है। जब विरोध ने इतना आकर्षण किया है, तो समर्थन का कहना ही क्या है। निदान मुझे लेखिका के विषय में कुछ और जानने की चिंता हुई। मैंने सोचा कि मुझे सिद्धांत की दृष्टि से काम है, लेखक व लेखिका की व्यक्तिता से क्या प्रयोजन ?

यद्यपि व्यक्तिगत परिचय की खोज में वैज्ञानिक पथ से हट रहा था, तथापि अपनी आत्मा के संतोष करने के लिए कुछ बहाना मिल ही गया। अब मैं विज्ञान को विस्तृत दृष्टि से देखने लगा। मनोविज्ञान की दृष्टि से लेखिका की व्यक्तिता संबंधी पूछताछ आवश्यक समझने लग गया।

यद्यपि मैं वैज्ञानिक था, तथापि सामाजिक बंधनों से स्वतंत्र न था। इसी कारण संपादक से पूछने का साहस न कर सका और यदि कोई पुरुष होता, तो वैज्ञानिक भाई-चारे के संबंध से संपादक द्वारा पत्र-व्यवहार भी आरंभ कर देता। किंतु हिंदू-समाज के संस्कारों को सहज में न तोड़ सका। चुप होकर बैठना भी मेरे लिए कठिन था। दोहे में सापेक्षतावाद की तो पुष्टि थी, किंतु उसके साथ 'विरह-वर्णन' भी सम्मिलित था। इसमें यह नहीं ज्ञात होता था कि कौन सी बात प्रधान है। झूले की भाँति मेरा मन आंदोलित होने लगा। वैज्ञानिक भाव तो सापेक्षतावाद की पुष्टि की ओर खींच ले जाता था और प्रेम (जो अभी अंकुरित-सा ज्ञात होता था) 'विरह-वर्णन' की ओर झुकाता था। और यह भी समझ में नहीं आता था कि बिना देखे-सुने 'विरह-वर्णन' कैसा ? यदि मुझे वह जानती नहीं, तो ऐसा दोहा क्यों लिखा ? क्या मुझे खिझाने के लिए ?

उसके मन की थाह कैसे मिले ? मुझे अपने मन की ही थाह न थी, फिर बिना जाने-बूझे दूसरे के मन की बात कैसे मालूम हो ?

पत्र लिखने में तो संकोच अवश्य था, किंतु लेख लिखना तो संपादक के लिए उपकार ही था—'परोपकाराय सतां विभूतयः' का स्मरण कर मैंने एक लेख हिंदुओं के 'रसायन-शास्त्र संबंधी ज्ञान' पर लिख भेजा, जिसमें 'पारे को मारने की विधि' का भी उल्लेख था।

प्रकाशित लेख देखने के लिए तो इतना उत्सुक न था, वरन् वास्तविक

उत्सुकता थी 'आगामी दोहे' के लिए। 'ज्योति' की मैं ऐसी प्रतीक्षा करने लगा, जैसे कि कोई अंधकार में पड़ा हुआ मनुष्य अरुणोदय की। नियमानुसार ज्योति की किरण आई, किंतु यहाँ 'अंधकार' और भी अधिक बढ़ गया। अब की बार दोहे के स्थान में एक गजल थी, उसको देखकर मैं वास्तव में भयभीत हो गया। वह गजल इस प्रकार थी—

'न मारा आपको जो खाक हो अकसीर बन जाता;
अगर पारे को ऐ अकसीर गर मारा तो क्या मारा।'

इसमें शिक्षा थी। यद्यपि शिक्षा की सराहना करनी चाहिए किंतु मैं तो यहाँ दूसरी शिक्षा में दीक्षित होता जा रहा था। इधर मनोवैज्ञानिक खोज के लिए उससे मिलने के लिए उत्कट इच्छा और उधर मन मारने का उपदेश! हिंदू था, मन की भी हत्या न कर सका, हाँ! थोड़ा-बहुत उद्योग अवश्य किया था; किंतु उसका उल्टा ही फल हुआ। मन तरल है, तरल पदार्थों पर जितना दबाव डाला जाता है, उतना ही जोर बढ़ता है।

अस्तु, अबकी बार मैंने अपने को अग्रसर बनाना चाहा। ऐसा विषय खोजा, जिसके सहारे कुछ प्रेम-कथा भी चल सके। ऐसा विषय आकर्षण के अतिरिक्त और कौन था? यद्यपि यह लेख वैज्ञानिक था, तथापि इसमें थोड़ा काव्य को भी स्थान खींच-तानकर दिया गया। अब मेरी मौलिकता की गति काव्य और शृंगार के अनोत्पादक एवं निष्फल प्रलाप की ओर जाने लगी थी।

यद्यपि मैं इस पागलपन में प्रवेश कर चुका था, तथापि मैं अपनी सावधानी और पागलपन की अवस्थाओं में भेद कर सकता था; इतना पागलपन न था कि पागलपन को सावधानी कहूँ। मैं शपथ करके यह भी नहीं कह सकता था कि मेरा भेद करना पागलपन का अंत नहीं, निदान के रूप में यह लेख भी छपने भेज दिया गया। अबकी बार पत्र की प्रतीक्षा बड़ी प्रबल रूप से हो उठी। पत्रिका प्राय: पंद्रह या सोलह तारीख तक आती थी। मैं दस तारीख से ही पोस्टमैन को चातक-दृष्टि से देखने लगा। 'ज्योति' प्रकाशित हुई। उसके प्रकाश में हृदय का कमल विकसित हो उठा। पत्रिका में तो कोई ऐसी विशेष बात न थी, किंतु इस बार के दोहे में प्रेम की पुकार स्पष्ट रूप

से प्रतीत होने लगी। दोहा इस प्रकार था—

'जे चेतन के क्यों तजै, जाको जासो मोह।
चुंबक के पीछे लग्यो, फिरत अचेतन लोह॥'

—वृंद

वास्तव में मुझे ऐसा प्रतीत होने लगा कि मेरा लेख इस दोहे के बिना अपूर्ण था। यह दोहा मुझे ही लिखना चाहिए था। 'वृंद' का नाम मैंने शिक्षावली में पढ़ा था और मैं यह समझता था कि 'वृंद' की कविता बालक बालिकाओं के लिए होगी। मैं यह नहीं जानता था कि यह कविता मेरे जीवन में इतना परिवर्तन डाल देगी। जो मूर्खता सब प्रेमियों में होती है, उसने मेरे हृदय में भी सिक्का जमा लिया। मेरी वैज्ञानिक कल्पनाएँ चक्रनेमी-क्रमेण लौट-पलट होने लगीं। कहाँ तो समझता था कि मनुष्य-शरीर में स्फूर्ति और उत्तेजना उत्पन्न करने के लिए जलवायु के अतिरिक्त और कोई पदार्थ नहीं और कहाँ जरा-सा दोहा नाच नचाने लगा। मेरा मन बल्लियों उछलने लगा! दोहे को लेख की पूर्ति न समझकर प्रेम का उत्तर समझा। इस उत्तर के आगे मैं निरुत्तर था।

बहुत सोचने-विचारने पर यह निश्चय हुआ कि किसी प्रकार ज्योति के ऑफिस में लेखिका का पता लगाकर उससे साक्षात्कार करना चाहिए। इतने में बिल्ली के भाग्य से छींका टूट पड़ा। मैं प्रयाग की यूनिवर्सिटी से कनवोकेशन के लिए निमंत्रित किया गया। निमंत्रण को ईश्वरीय कृपा का फल समझ प्रयाग गया। यद्यपि मैं अपने बाहरी वेष-भूषा की अधिक चिंता न करता था, तथापि इस समय मैं थोड़ी-बहुत सज-धज के साथ गया था।

कनवोकेशन की मीटिंग समाप्त होते ही तुरंत मैं आशा-दीप की ज्योति से प्रकाशित 'ज्योति' के ऑफिस में गया। पहुँचते ही संपादक महोदय से मिलने का विचार प्रकट किया। मुझे भीतर बुलाया गया। देखा तो एडीटोरियल कुरसी के पास ही एक रमणीरत्न विराजमान है। तुरंत ही समझ गया कि अनायास ही मेरी खोज पूर्ण हो गई। संपादक महोदय से मेरे लेखों में जो छपाई की भूलें रह जाती थीं, उनके बारे में बातचीत करने लगा। इतने में जो रमणी वहाँ उपस्थित थीं, उन्होंने कहा कि क्या आप ही प्रोफेसर रमाकांत त्रिपाठी

हैं? हाथ जोड़कर नमस्कार करते हुए बड़े विनम्र भाव से मैंने कहा, जी हाँ, मुझ ही को रमाकांत त्रिपाठी कहते हैं। इतना पूछे जाने पर मुझे भी संपादक महोदय से यह कहने का साहस हुआ कि 'यह देवी जी कौन हैं? इनका परिचय करा दीजिए।' संपादक महोदय ने बड़े गंभीर भाव से कहा कि यह यहाँ के स्थानीय वकील पंडित गिरिजा दत्तजी शुक्ल की ज्येष्ठ कन्या श्रीमती प्रमोदबाला देवी हैं। आप मेरी कन्याओं के साथ पढ़ी हैं और उनसे बड़ी घनिष्ठता रखती हैं। यह 'ज्योति' में कभी-कभी कुछ लिख देती हैं। आपने इसी वर्ष साहित्य-सम्मेलन की मध्यमा परीक्षा पास की है। इतना परिचय पाने पर मैंने उनसे पूछा कि आपको विज्ञान में रुचि है? उन्होंने उत्तर दिया कि जी हाँ, कुछ विज्ञान संबंधी लेख 'ज्योति' में निकलते रहते हैं, उनको पढ़ा करती हूँ और विशेष अध्ययन तो नहीं किया है। मैंने अपनी वैज्ञानिक आत्मा के आत्म-गौरव को दबाकर कहा कि वैज्ञानिक कुशलता अध्ययन से नहीं आती, वरन् इसमें प्रतिभा की भी आवश्यकता है। प्रतिभा और स्फूर्ति आप में स्वभाव से प्राप्त है। यदि आपको कुछ वैज्ञानिक पुस्तकों की आवश्यकता हो, तो उनको मैं आपकी सेवा में भेजना अपना परम सौभाग्य समझूँगा। यदि आप आज्ञा देवें, तो कभी-कभी नए वैज्ञानिक साहित्य के संबंध में आपको सूचना देता रहूँगा। उन्होंने निज श्रीमुख से सुधामय शब्दों में मुझे वचन दे दिया कि आपके सूचना-पत्रों को मैं हर्ष के साथ पढ़ूँगी। इतना वचन पाकर मैंने अपना भाग्य सराहते हुए ऑफिस से विदा ली। मैं और भी ठहर जाता, किंतु छह बज चुके थे। मैं यह नहीं चाहता था कि संपादक महोदय को क्षमा माँगने की अशिष्टता करनी पड़े और अपनी प्रेयसी की दृष्टि में मैं असभ्य समझा जाऊँ। मैं घर आकर पत्र लिखने का अवसर खोजने लगा। चार-पाँच रोज तो जैसे-तैसे काटे। इतने में भाग्य से एक लेख के संबंध में प्रमोदबाला देवी की फोटो 'ज्योति' में प्रकाशित हुई और इसने प्रेमाग्नि को और भी प्रचंड कर दिया। अब और दूसरे अवसर के लिए न ठहर सका, बस निम्नलिखित पत्र लिखकर बड़े हृदय-कैंप के साथ लेटरबॉक्स में डाल दिया—

आकर्षण केंद्र,

जब से आपके उज्ज्वल अतएव बिंब प्रतिक्षेपक मुखमंडल पर से सूर्य की रश्मियों ने प्रतिफलित होकर मेरे नेत्रांतर स्थित चित्र-पटल को क्षुब्ध कर अक्षि-संबंधिनी स्नायु द्वारा मस्तिष्क को तरंगित कर दिया है (किंतु वह तरंगों के साथ साम्य स्थापन कर सकीं, अत: मेरे लिए अत्यंत सुखद हुई), तब ही से मेरे मन के प्रेम-संस्कार, जो अभी तक अनुद्‌बुद्ध अवस्था में सुप्त पड़े थे, जाग्रत् हो गए हैं, आपके मुख और शरीर का कटाव ऐसा सुडौल है कि उसका घटाव-बढ़ाव कोण-शून्य, वृत्ताकार और क्रमागत होने के कारण नेत्र-संबंधिनी मांसपेशियों को अधिक परिश्रम नहीं देता। अभी हाल में 'ज योति' में प्रकाशित 'ज्योति' का नाम सार्थक करने वाला एक छायाचित्र देखने के कारण मेरे मस्तिष्क में अंकित विचार-पथों में सचालन उत्पन्न हो गया है, और मेरा मस्तिष्क उन साम्योत्पादक स्फुरणों को, जिनको कि वह पूर्व में अनुभव कर चुका था, द्वितीय बार अनुभव करने को लालायित हो उठा है। जब ईश्वर की तरंगों द्वारा आपका संबंध इतना सुखद है, तब आपका निकटतर स्पर्श मुझको स्वर्ण-सुख की चरम सीमा को पहुँचा देगा। किंतु ऐसा भाग्य कहाँ? नहीं मेरा भाग्य आप ही के हाथ में है। यदि आप मुझे स्वीकार करने की आशा दें, तो आपके पूज्य पिताजी से मैं पत्र का व्यवहार करूँ। मेरे दु:साहस को क्षमा कीजिएगा। मैंने आपकी आज्ञा का दुरुपयोग किया है। रजिस्टर्ड-पोस्ट द्वारा मैं एक अपना लिखा हुआ नवीन ग्रंथ भी आपकी शुभ सम्मति के लिए भेज रहा हूँ।

क्षमा प्रार्थी

'वैज्ञानिक'

पत्र पर नाम और पता लिखने की आवश्यकता न थी, क्योंकि मेरी पुस्तक में ये सब बातें मौजूद थीं। यद्यपि मैं उत्तर के लिए उत्सुक था, तथापि मैं अपने को इस सुख से कि मेरा पता खोजने का कष्ट उठाया गया, वंचित नहीं करना चाहता था। यथासमय उत्तर आया। कंपित कर से लिफाफा खोला, किंतु पत्र खोलते ही मेरे भाग्य का द्वार-सा बंद हो गया। पत्र इस प्रकार था—

महाशय,

आपका पत्र एवं ग्रंथ दोनों प्राप्त हुए। पुस्तक के लिए धन्यवाद! पत्र पुस्तक से कम वैज्ञानिक न था। आप ने पत्र में जो प्रस्ताव किया है, उसके संबंध में अपनी विचार-धारा को प्रवाहित करने का कष्ट न उठाइए। आपकी प्रेम-पिपासा के लिए मुझे हार्दिक सहानुभूति है और मैं ईश्वर से प्रार्थना करूँगी कि आपके रेखागणित संबंधी मनोवैज्ञानिक आदर्श को पूर्ण करने वाली कोई सुशीला सुशिक्षिता महिला आपको प्राप्त हो जावे।

यदि आप क्षमा करें, तो मैं आपके भविष्य के अर्थ थोड़ा उपदेश दूँगी। वह यह कि यदि आप सच्चे प्रेमोपासक बनना चाहते हैं, तो यह उपासना वैज्ञानिक प्रयोगशाला में सफल न होगी। इसके लिए आप किसी साहित्य-सदन की शरण में जा सरस साहित्य की सेवा और ललित कलाओं का अनुशीलन कीजिए। ईश्वर आपकी मनोकामना पूर्ण करेगा। मेरे विषय में तो पिताजी पहले से ही निश्चय कर चुके हैं।

'प्रमोदबाला'

□

ठलुआ क्लब की सातवीं बैठक

सिद्धांती

माननीय ठलुआ-वृंद!

इस क्लब की मेंबरी की एक यह शर्त है कि प्रत्येक मेंबर को अपना जीवन-वृत्तांत बदलना पड़ता है। यद्यपि मैं समझता हूँ कि मेरा जीवन बहुत सफल नहीं है, तथापि उसके सुनने से आप लोगों को अवश्य लाभ होगा। 'महाजनो येन गतःस पन्थाः।' मैं महाजन होने का तो दावा नहीं करता, किंतु लघु-जनों से भी बहुत लाभ हो सकता है। किसी फारसी कवि ने कहा है कि 'अक्लमंदी मैंने बेवकूफों से सीखी है। इस प्रकार मेरे जीवन-वृत्तांत से लाभ उठा सकेंगे। बिना लाभ के मेरे लिए भाषण करने का कष्ट उठाना वृथा होगा। मेरी राय में कोई अनुपयोगी कार्य करना अपनें समय को व्यर्थ ही नष्ट करना है। आप कहेंगे कि ये सिद्धांत ठलुआ-पंथी की जड़ को काटते हैं। नहीं, हमारी ठलुआ-पंथी भी उपयोगिता से शून्य नहीं। इस ठलुआ-पंथी से हमारे मस्तिष्क को आराम मिलता है और विचारों का प्रवाह चलने लगता है। मुझको आप इस क्लब का द्रोही भले ही समझें और चाहे मेरे बहिष्कार का भी प्रस्ताव पास कर दें, तथापि मैं यह कहे बिना न रहूँगा कि किसी काम को, बिना उसकी उपयोगिता जाने, करना महापाप है।

मुझे एक कुलीन घराने में पैदा होने का दुर्भाग्य प्राप्त हुआ। इसको मैं दुर्भाग्य यों कहता हूँ कि ऐसे लोग प्रायः आलसी होते हैं; और निर्धन होकर भी अपने पूर्व-कुल-गौरव के विचारों ही में मग्न रहते हैं तथा

अपने विषय में कोई बात ऐसी नहीं करके बता सकते कि जिससे उनके भी बाल-बच्चे उनकी गुण-गाथा करें। यह सिद्धांत मुझे बाल्यावस्था में तो नहीं मालूम था, यदि होता तो मैं कुलीनता को तिलांजलि देकर किसी अछूत के घर वास कर, अपनी आत्मा को सबल बनाने का प्रयत्न करता।

जब कॉलेज में जाकर मुझे स्वावलंबन का उपदेश मिला, तब मेरा वाल्मीकि की भाँति नेत्रोन्मीलन हुआ। मैंने सोचा कि दूसरे के परिश्रम द्वारा उपार्जन किए हुए धन से लाभ उठाना हाथ-पैर चलाने वाले मनुष्य के लिए बहुत लज्जा का विषय है।

कॉलेज के भ्रष्टाचार और शिष्टाचारमय जीवन से मेरी पहले ही अरुचि हो चुकी थी। मैं एक कट्टर हिंदू-परिवार में आया था। यद्यपि मैं जानता था कि ब्राह्मण-कुल में जन्मा हूँ और वह भी कान्यकुब्जों में, जिनके यहाँ वैसे ही 'आठ कनौजिया और नौ चूल्हे' का सिद्धांत रहता है, फिर मैं तो वाजपेयी होने का गौरव रखता था। मेरे लिए बोर्डिंग हाउस में रहकर दूसरे घर के कान्यकुब्ज के हाथ की रोटी ही खा लेना बहुत लज्जाजनक बात थी। मेरे पिताजी ने मेरे कॉलेज जाने से पूर्व अश्रुपात कर मेरे पथ को अशुभ बना दिया था। उनको और किसी बात की चिंता न थी, केवल इसी बात की चिंता थी कि मुझे दूसरे ब्राह्मण के हाथ की बनाई रोटी खानी पड़ेगी। ऐसे घराने से आकर छूत-छात के संस्कार किस प्रकार धुलकर साफ हो जाते? जरा लोगों को मालूम हो गया कि मुझे इस बात की परवाह है, बस वहीं मेरी छेड़-छाड़ आरंभ होने लगी। सब लोग तो बीसवीं शताब्दी की सभ्यता में दक्ष थे और मेरी रहन-सहन 'जिमि दंतन में जीभ बिचारी' सी हो रही थी। कहीं तो लोग मेरी पंडिताई, चोटी की हँसी उड़ाते, कहीं तिलक के कारण मेरे माथे को दीवाल से उपमा देने लग जाते। मेरी पूजा को 'ईश्वर को बहकाना' कहते। लोगों की छेड़-छाड़ का उलटा ही प्रभाव पड़ा। इन बातों में मेरा विश्वास और भी दृढ़ होता गया। मेरा ऐसा विचार हो गया कि ये सब बातें हमारी जातीयता के अंग हैं। और मैं इनको एक विदेशी सभ्यता के निमित्ति क्यों छोड़ूँ। उधर

पूजा-पाठ और खान-पान की छूतछात में मेरी श्रद्धा बढ़ गई, उधर उन लोगों की छेड़-छाड़ बढ़ती ही गई। इसका परिणाम यह हुआ कि मेरा जी बोर्डिंग हाउस से ऊब गया और बोर्डिंग वाले मुझसे उकता गए। ऐसी स्थिति में मैंने बोर्डिंगहाउस छोड़ना ही श्रेयस्कर समझा। पिताजी के बहुत कुछ समझाने-बुझाने पर भी मैंने एक न मानी।

सिद्धांत के लिए माता-पिता की आज्ञा न मानना पाप नहीं है। प्रह्लाद का ज्वलंत उदाहरण मेरे सम्मुख वर्तमान था। कॉलेज छोड़कर स्कूल में नौकरी कर ली। अध्यापकी की अवस्था में ही मैंने बी.ए. की उपाधि प्राप्त कर ली। यह उपाधि प्राप्त कर लेने पर मेरे समक्ष रोजगार की समस्या उपस्थित हुई। पैतृक संपत्ति की मेरे पास कमी न थी, किंतु उस धन से मुझे पहले ही घृणा हो चुकी थी। सरकारी नौकरी करके दासत्व स्वीकार करना भी मैंने अपने लिए श्रेयस्कर न समझा। वकालत करना मेरे सिद्धांतों के प्रतिकूल था, क्योंकि इसमें अपनी बुद्धि को धन के लिए दुरुपयोग करना पड़ता है और कभी-कभी भाई से भाई को और पिता को पुत्र से लड़ना पड़ता है।

मेरे घर लेने-देने का व्यवसाय होता था, किंतु मैं उसको भी निंद्य समझता था; क्योंकि जो उधार लेता है, वह स्वयं आफत का मारा होता है, उससे ब्याज लेना या उसका माल कुर्क कराना मैं घोर पाप समझता था। फिर मुझे 'उत्तम खेती मध्यम बान' वाली उक्ति का स्मरण आया। उस समय कृषि के स्कूल तो खुले न थे, नहीं तो मैं उनमें पहले शिक्षा प्राप्त कर अपना कार्यारंभ करता। मैंने कृषि-संबंधिनी दो-भार पुस्तकें पढ़ खेती का काम आरंभ कर दिया। यद्यपि मुझे अपने देश के किसानों की परिश्रम-शीलता का विशेष आदर था, तथापि मैं यह समझता था कि यह लोग पुरानी लकीर के फकीर हैं और इस पद्धति पर कार्य करने से मैं देश का विशेष उपकार न कर सकूँगा। मैंने नए लोहे के हल मँगवाए, विलायती खाद भी डलवाई, किंतु बैल अच्छे न होने के कारण उससे यथेष्ट लाभ न उठा सका। इस पर भारत की निर्धनता और अपने देशवालों के

अनुद्योगीपन पर मुझे बहुत तरस आया। मैं समझता था कि धनवान् लोग अपना रुपया कृषि-कार्य में लगा दें, तो भारत की सारी आर्थिक समस्या हल हो जावे। और देश फिर से 'शस्यश्यामला' हो जावे तथा इसमें दूध एवं घी की नदियाँ बहने लगें। मैं अकेला क्या कर सकता था। एक चना भाड़ नहीं फोड़ सकता; किंतु उसी के साथ मुझे 'टिटिहिरी की कथा' की याद आ गई। कॉलेज में पढ़ी हुई स्माइल साहब की (Self-help) सेल्फ हेल्प (स्वावलंबन) को भी न भूला था। 'हिम्मते मर्दा, मददे खुदा' का आदेश रख मैंने पहले वर्ष के नुकसान को तुच्छ समझकर एक साल और कठिन परिश्रम के साथ उद्योग करने का संकल्प किया। मित्रों ने मुझे यह भी समझाया कि कृषि-कार्य आकाशी वृत्ति है, इसमें पग-पग पर हानियाँ होने की संभावना रहती है। 'हरी खेती और ग्याभिन गाय, तब जानिए जब मँह तक जाए' ऐसी-ऐसी कहावतें और अति वृष्टि, अनावृष्टि आदि ईतियों का भय दिखलाकर मुझे हतोत्साह करना चाहा, किंतु मैं गो. तुलसीदासजी के—

'कादर मन कहं एक अधारा; दैव-दैव आलसी पुकारा।' के सिद्धांत पर अटल बना रहा—

'उद्योगिनं पुरुष सिंहमुपैति लक्ष्मीर्दैवेन देयमिति कापुरुषा वदन्ति;
दैवं निहत्य कुरु पौरुषमात्मशक्त्या यत्ने कृते यदि न सिद्ध्यति कोऽत्र दोषः।'

यह श्लोक मेरे कानों में गूँजने लगा। मैंने सोचा कि ये उक्तियाँ उस काल की हैं जब कि नहर और अन्य वैज्ञानिक साधन उपलब्ध न थे। ऐसा कहने में प्राचीन भारत कलंकित हुआ जाता है। नहीं, नहीं, यह मेरी भूल थी। महाराज दिलीप ने ही अपने समय में ईतियों को नष्ट कर कृषि को अदैवमात्रिक कर दिया था, सार यह है कि उद्योग और परिश्रम के आगे कोई भी आपत्ति नहीं ठहर सकती।

मैंने कृषि उन्नति के हेतु केवल कृषि-संबंधी ज्ञान ही नहीं उपार्जन किया, वरन् कृषि-शास्त्र से संबंध रखने वाले वनस्पति शास्त्र, प्राणिशास्त्र, भूगर्भ-विद्या, रसायन-शास्त्र आदि विज्ञानों का अध्ययन किया। इस अध्ययन

से मेरा समय अधिक व्यतीत होने लगा और जो प्राकृतिक घटनाओं से युद्ध करने का विचार था, वह विचार-रूप में ही रह गया, किंतु मैंने उस समय को वृथा नहीं समझा; क्योंकि वास्तविक सफलता निकटवर्तिनी सफलता नहीं होती। मनुष्य को सदा अपने आगे देखना चाहिए। मूर्ख लोग ही अपनी नाक के आगे नहीं देख सकते। यदि अँगरेज लोग पहली असफलता से हताश हो विलायत लौट जाते, तो भारत का साम्राज्य कहाँ से पाते?

मैंने एक वर्ष और भाग्य-परीक्षा करने का संकल्प किया। परीक्षा तो दी ही किंतु मैं अपने सिद्धांतों से मजबूर था। मैं मनुष्य को गौरव की दृष्टि से देखता था। नौकरों को मैं अपने ही समान ईमानदार समझता था। यह भी जानता था कि विश्वास से ही विश्वास उत्पन्न होता है। मैंने नौकरों की ईमानदारी पर पूर्ण विश्वास कर सबकुछ उनके ऊपर छोड़ दिया था और मैं अपनी वैज्ञानिक गवेषणा में लगा रहता था। नित्य ही खेत पर जाता और नौकरों को एक-न-एक कोई नवीन बात बतला जाता। बड़ी अच्छी-अच्छी रविश-पट्टी बनवाई एवं वर्तमान वैज्ञानिक खाद दिए। सब कुछ किया, किंतु खेत कटते समय में एक सभा के लिए कहीं अन्यत्र चला गया। मेरे अनुमान से उपज चौथियाई भी न हुई। नौकरों ने तो मेरी वैज्ञानिकता को दोष दिया, घर वालों ने मेरी लापरवाही को बुरा-भला कहा और मित्रों ने मेरे सीधेपन की हँसी उड़ाई। मुझे इस बात पर झुंझलाहट थी मैं अपने वैज्ञानिक सिद्धांतों को प्रमाणित न कर सका। एक बार मैं यह दिखला देता कि वैज्ञानिक पद्धति के अवलंबन से चालीस गुनी निश्चित उपज होती है, फिर चाहे इसकी खुशी में सारी उपज लुटा देता, तो मुझे कण-मात्र भी खेद न होता। मेरा आदर्श मेरे गाँववाले मानने लग जाते, इससे बढ़कर मेरे लिए कोई धन न था।

मैं वास्तव में खेती को ही अपना धन समझता था। एक समय मेरे पिताजी ने मुझसे पूछा कि तुम्हारे पास कुछ रुपया जमा हुआ या नहीं? तो मैंने उत्तर दिया कि मेरा धन खेतों में जमा हुआ है। निदान वह सब जमा मिट्टी में मिल गई। घरवालों ने मुझे इस कार्य से विराग करने के

लिए सलाह दी। यदि कुछ लाभ होता, तो मैं निर्भय होकर उनकी आज्ञा का विरोध करता। अगर मैं विरोध करता, तो किस आधार पर; किस बिरते पर तत्ता पानी?

इतने में लीडर में एक विज्ञापन निकला कि एक देशी राज्य में एक कृषि-शास्त्र के ज्ञाता सेक्रेटरी की आवश्यकता है। यद्यपि मैंने कोई कृषि-संबंधिनी परीक्षाएँ पास नहीं की थीं। उस समय कृषि-कॉलेज खुल गए थे। तथापि मैंने कई कृषि-संबंधी लेख मासिक पत्रिकाओं में लिखे थे। अपने प्रार्थना-पत्र के साथ मैंने वह लेख भी भेज दिए, मेरी प्रार्थना स्वीकृत हुई और 125 मासिक वेतन पर मेरी नियुक्ति हो गई। मेरे मित्रों ने कहा था कि आरंभ में सेकंड क्लास में जाना, किंतु मैं सुन चुका था कि इंग्लैंड के प्रधान मंत्री ग्लैडस्टन महोदय तीसरे दर्जे में इस कारण से सवार होते थे कि कोई चौथा दर्जा था ही नहीं। यह बात कहाँ तक प्रमाणित है, मैं कह नहीं सकता। मैं अपने नियम का पक्का, भला अपने संकल्प से कब हट सकता था? मुझे महाराज भर्तृहरि के वचन याद आ गए—'निन्दन्ति नीतिनिपुणाः यदि वा स्तुवन्ति।'

मैं तीसरे दर्जे में ही गया। राज्य से मेरे स्वागतार्थ दो-तीन भले आदमी आए, उनमें से मेरे एक एसिस्टेंट भी थे। वे लोग मुझे सेकंड तथा फर्स्टक्लास में खोजकर निराश हो वापस लौट गए और अनेक प्रकार की कल्पनाएँ करने लगे। जो मोटर मेरे लिए लाए थे, मेरे ही पास से हॉर्न देते हुए निकल गई। मैं भी एक थर्ड क्लास ताँगा करके राज-द्वार पर गया। वहाँ पर एक ए.डी.सी. से भेंट हुई। स्टेशन पर सवारी न पहुँचने के कारण देशी राज्यों के इंतिजामों में कुछ अरुचि हो गई थी और फिर ए.डी.सी. महोदय की उपेक्षाजनक बातचीत सुनकर मुझे अपना भविष्य अंधकारमय दिखाई पड़ने लगा। 'प्रथमग्रासे मक्षिकापातः' की बात याद आ गई। अस्तु, अपने भावी स्वामी से बिना मिले ही लौट जाना मूर्खता समझी। मैंने सोचा कि यदि एक बार पैर जम गए तो ए.डी.सी. महोदय को समझ लूँगा, इसलिए नहीं कि उन्होंने मेरा अपमान किया है, वरन्

इसलिए कि फिर दूसरों का अपमान न करें। उनको मैंने अपनी नियुक्ति का आज्ञा-पत्र दिखाया था। उसको साथ लाना मैं भूला नहीं था। उसको देखकर उनका दृष्टिकोण कुछ बदला। एक सिपाही साथ कर दिया और मुझे अतिथि-सेवागृह में भेज दिया। नाम अतिथि सेवागृह था, किंतु वहाँ केवल तिथिवालों की ही पहुँच थी, मेरे लिए जो प्रबंध किया गया था, वह अनुकूल न था। जैसे-तैसे दो-चार दिन वहीं काटे।

मेरी नियुक्ति के जाप्ते का हुक्म निकल गया। मुझे रहने को मकान, सवारी और दो-एक नौकर भी मिल गए। यद्यपि मैं स्वयं काम करने का पक्षपाती था, दूसरों की सेवा के लिए नहीं। कम-से-कम अपनी सेवा के लिए स्वयंसेवक था, किंतु स्वयंसेवक अर्थात् अपनी हजामत आप ही बना लेने वाला तो न था, तथापि तीन नौकरों को देखकर मेरा आत्म-गौरव संतुष्ट हो गया और पिछले अपमान को भूल सा गया और क्षमा धारण कर रूपवान् तपस्वी बन गया। किंतु वह तपोभूमि न थी, वह राज्य था और मैं तपस्वी न था, ब्राह्मण अवश्य ही था 'असन्तुष्टा द्विजा नष्टा' ठीक है, किंतु उसके साथ 'सन्तुष्टश्च महीपतिः' का वाक्य भी है। महपति की सेवा में रहकर मैं भी धीरे-धीरे अपने को महीपति समझने लगा। उधर तो मैं अपने ब्राह्मणपने का गौरव भी नहीं छोड़ना चाहता था, उधर अधिकार की महत्त्वाकांक्षा बढ़ने लगी। यह मैं आप लोगों को बतला देना चाहता था कि अधिकार की इच्छा अधिकार के अर्थ न थी, वरन् सुधार के लिए थी। मैं समझता था कि रियासतों की जो बदनामी होती है, वह अच्छे अधिकारी न होने के कारण ही होती है। अधिकारी-वर्ग से मेरा संग्राम प्रारंभ तो हो गया। बात-बात में मतभेद होने लगा। वहाँ का अपव्यय जिसको वे लोग आवश्यक समझते थे; मैं उसको नितांत अनावश्यक समझता था; क्योंकि वह केवल अनुपयोगी ही न था, वरन् हानिकारक था; कुछ लोग कहने लगे कि राज्य तुम्हारी भाँति भिखमंगा ब्राह्मण नहीं है। इस बात में केवल मतभेद ही न था, वरन् इसमें जाति का अपमान भी लगा हुआ था। महात्मा तुलसीदासजी ने ठीक ही कहा है। 'सबसे अधिक जाति अपमाना।' मैं

धार्मिक था, पर मुझमें विष्णु भगवान् की सहनशीलता तो न थी ? जो भृगुजी के लात मारने पर उनके पैर की कुशल पूछने लगे और नीलकंठ शिव की सी शक्ति भी न थी जो विष के घड़े को पी जाता। मैं साधारण मनुष्य भी न था कि जिनकी कर्ण-कंदराओं में ऐसे अपमान-जनित वाक्य सहज ही में विलीन हो जाते हैं। मेरी नाड़ियों में विश्वामित्र! नहीं, मैं भूल गया वह क्षत्रिय थे, मैं जाति को जन्म से मानता हूँ, (शास्त्र भी अप्रमाणित बात कहें, न मानूँगा) अगस्त्य और दुर्वासा का रुधिर बहता था। मैंने भी खूब उलटी-सीधी सुनाई। यद्यपि मैं जानता था कि नौकर होकर इतना अभिमान शोभा नहीं देता, तथापि मैं अपने को सिंह से कम नहीं समझता था। जो अपने जन्मदाता की ओर घुर्राया ही करता है। अस्तु, उस दिन का झगड़ा जैसे-तैसे तय हो गया, किंतु उन लोगों ने विष वमन करके विष का अंत नहीं कर दिया। वह रक्तबीज की भाँति बढ़ता ही गया। इस लड़ाई का लाभ न उठाकर वे लोग मुझे निकालने के लिए और अच्छे अवसर की खोज करने लग गए। वे लोग इतना जानते थे कि इस झगड़े पर मैं न निकाला जा सकूँगा, क्योंकि इसमें वे लोग भी निर्दोष न थे।

अवसर के लिए बहुत दिन न ठहरना पड़ा। महाराज की वर्षगाँठ में दरबार हुआ, वहाँ पर नाच होनेवाला था, नाच में जाना मेरे सिद्धांतों के विरुद्ध था, मेरी शत्रु-मंडली को एक सुवर्णावसर प्राप्त हो गया। उन्होंने मेरी शिकायत की। स्वामिभक्ति राज्यों में प्रधान गुण समझा जाता है। मुझमें इसका अभाव बतलाया गया। महाराज साहब अपने दरबारियों की भाँति मूर्ख न थे। जब मैंने अपना सिद्धांत उनको बतलाया, उन्होंने मुझे क्षमा कर दिया। खलमंडली अपना-सा मुँह लेकर रह गई। मैं अपने ही स्थान में निर्भयता से रह सकता था, किंतु कुछ इस विरोध के कारण और कुछ महत्त्वाकांक्षा के कारण मैंने दूसरे विभाग में जाने की इच्छा की। भाग्य से वहाँ के ज्युडीशिल अफसर (Judicial Officer) ने छह मास की छुट्टी ली थी। मैं इस बीच में एक स्पेशल मजिस्ट्रेट (Special Magistrate) बन ही चुका था और अच्छे आदमी के अभाव में मुझे ज्युडीशिल अफसर

(Judicial Officer) बना दिया गया। मैं इस पद के अयोग्य भी न था; क्योंकि मैं एम.ए. के साथ ही लॉ लैक्चर्स (Law Lectures) में शामिल हुआ था और मैं यह भी समझता था कि मुझ जैसे न्यायप्रिय हाकिम से जनता का बहुत कुछ उपकार होगा। मैंने लौकिक-आध्यात्मिक (मैंने थियॉसोफी के कुछ ग्रंथ पढ़े थे और कुछ अभ्यास किया था) और मनोवैज्ञानिक नियमों के आधार पर न्याय-शासन करना प्रारंभ कर दिया। एक बार एक डाके का मामला मेरे सामने पेश हुआ। उसमें जो प्रधान अभियोगी था, अर्थात् जिसके विरुद्ध सबसे जोरदार गवाही थी, वह मेरी आध्यात्मिक दृष्टि से (उसके चेहरे पर का तेज-चक्र (Aura) निर्दोषी सात्त्विक पुरुष का सा था) बहुत भला आदमी लगता था। पुलिस विभाग को मैं पहले से ही अधर्म का भंडार समझता था। मैंने समझ लिया कि यह गवाही सब पुलिस ही की काररवाई है। मैं न्याय का यह भी सिद्धांत जानता था कि दोषी को निर्दोष ठहराना पाप नहीं, निर्दोषी को दोषी न ठहराना चाहिए। उसी कारण मैंने उसको छोड़ दिया।

पुलिस विभाग ने इस विषय में बड़ा आंदोलन मचाया। प्रधानमंत्री ने उस मुकदमे की मिसल मँगवाई और मुझे भी बातचीत करने को बुलाया। मैंने अपने सिद्धांत बतलाए और उन तेज-चक्र संबंधी वैज्ञानिक सिद्धांतों को बतलाकर उसकी जड़ता दूर करनी चाही, किंतु उन्होंने मुझे बड़ी दृढता के साथ कहा कि मैं यह नहीं कहता कि आपके सिद्धांत झूठे हैं, परंतु न्यायालय उसके उद्‌घाटन करने का स्थान नहीं है। यदि आप उनका प्रचार करना चाहते हैं, तो मेरे नीरस मस्तिष्क से कोई अधिक उपजाऊ भूमि की खोज़ कर लीजिए।

स्वाभिमानी पुरुष के लिए यह इशारा काफी था कि मैं त्याग-पत्र दे दूँ। मुझे महाराजा की ओर से भी संदेशा आया कि मैं होशियारी से काम करूँ और त्याग-पत्र की कोई आवश्यकता नहीं है। किंतु मैं कब अपनी मूर्खता स्वीकार करने को तैयार था। मैं ऐसे स्थान में एक मिनट भी रहना नहीं चाहता था, जहाँ मेरे सिद्धांतों का प्रचार ब्रिटिश इंडिया (British

India) में न हो सका, उनका प्रचार कर मैं एक देशी राज्य को उन्नति के पथ पर अग्रसर कर सकूँगा, किंतु क्या किया जाए, भारतवर्ष का दुर्भाग्य ! रोगी का जब भाग्य अच्छा होता है, तब ही डॉक्टर की बात सुनता है।

मैं वहाँ से लौटकर आपके क्लब का सदस्य हो गया हूँ। क्योंकि मैं समझता हूँ कि आप लोगों के मस्तिष्क फुरसत की खाद से संसार की कायापलट करने वाले सिद्धांतों के लिए उर्वराभूमि का काम देंगे और यह क्लब संसार में ही स्वर्ग-लोक स्थापित करने में सहायक होगा। भारत-संतान आप लोगों को आशीर्वाद देगी।

□

आलस्य-भक्त

अजगर करै न चाकरी, पंछी करै न काम।
दास मलूका कह गए, सबके दाता राम॥

प्रिय ठलुआ-वृंद ! यद्यपि हमारी सभा समता के पहियों पर चल रही है और देवताओं की भाँति हमसे कोई छोटा-बड़ा नहीं है, तथापि लोगों ने मुझे इस सभा का पति बनाकर मेरे कुँआरेपन के कलंक को दूर किया है। नृपति और सेनापति होना मेरे स्वप्न से भी बाहर था। नृपति नहीं तो नारी-पति होना प्रत्येक मनुष्य की पहुँच के भीतर है, किंतु मुझ जैसे आलस्य-भक्त के लिए विवाह में पाणिग्रहण तक का तो भार सहन करना गम्य था। उसके आगे सात बार अग्नि की परिक्रमा करना जान पर खेलने से कम न था। जान पर खेलकर जान का जंजाल खरीदना मूर्खता ही है—'अल्पस्य हेतोर्बहु हातुमिच्छन् विचारमूढः प्रतिभासि मेत्वम' का कथन मेरे ऊपर लागू हो जाता। 'ब्याहा भला कि क्वाँरा' वाली समस्या ने मुझे अनेकों रात्रि निद्रादेवी के आलिंगन से वंचित रखा था, किंतु जब से मुझे सभापतित्व का पद प्राप्त हुआ है, तब से यह समस्या हल हो गई है। आलसी के लिए इतना ही आराम बहुत है। यद्यपि मेरे सभापति होने की योग्यता में तो आप लोगों को संदेह करने के लिए कोई स्थान नहीं है, तथापि आप लोगों को अपने सिद्धांतों को बतला अपनी योग्यता का परिचय देना अनुचित न होगा।

वैसे तो आलसी के लिए इतने वर्णन का भी कष्ट उठाना उसके धर्म के विरुद्ध है, किंतु आलस्य के सिद्धांतों को प्रचार किए बिना संसार की

विशेष हानि होगी और मेरे भी पेट में बातों के अजीर्ण होने की संभावना है। इस अजीर्ण जन्य कष्ट के भय से मैंने अपनी जिह्वा को कष्ट देने का साहस किया है।

मनुष्य-शरीर आलस्य के लिए ही बना है। यदि ऐसा न होता, तो मानव-शिशु भी जन्म से मृग-शावक की भाँति छलाँगें मारने लगता, किंतु प्रकृति की शिक्षा को कौन मानता है। नई-नई आवश्यकताओं को बढ़ाकर मनुष्य ने आपना जीवन अस्वाभाविक बना लिया है। मनुष्य ही को ईश्वर ने पूर्ण आराम के लिए बनाया है। उसी की पीठ खाट के उपयुक्त चौड़ी बनाई है, जो ठीक उसी से मिल जावे। प्राय: अन्य सब जीवधारी पेट के बल आराम करते हैं। मनुष्य चाहे तो पेट की सीमा से भी अधिक भोजन कर ले, उसके आराम के अर्थ पीठ मौजूद है। ईश्वर ने तो हमारे आराम की पहले ही से व्यवस्था कर दी है। हम ही उसका पूर्ण उपयोग नहीं कर रहे हैं।

निद्रा का सुख समाधि-सुख से भी अधिक है, किंतु लोग उस सुख को अनुभूत करने में बाधा डाला करते हैं। कहते हैं कि सवेरे उठा करो, क्योंकि चिड़ियाँ और जानवर सवेरे उठते हैं; किंतु यह नहीं जानते कि वे तो जानवर हैं और हम मनुष्य हैं। क्या हमारी इतनी भी विशेषता नहीं कि हम सुख की नींद सो सकें। कहाँ शय्या का स्वर्गीय सुख और कहाँ बाहर की धूप और हवा का असह्य कष्ट! इस बात के ऊपर निर्दयी जगाने वाले तनिक भी ध्यान नहीं देते! यदि उनके भाग्य में सोना नहीं लिखा है, तो क्या सब मनुष्यों का एक सा ही भाग्य है! सोने के लिए तो लोग तरसा करते हैं और सहस्रों रुपया डॉक्टरों और दवाइयों में व्यय कर डालते हैं और यह अवैतनिक उपदेशक लोग स्वाभाविक निद्रा को आलस्य और दरिद्रता की निशानी बतलाते हैं।

ठीक ही कहा है— 'आए नाग न पूजिए वामी पूजन जाएँ।' लोग यह समझते हैं कि हम आलसियों से संसार का कुछ भी उपकार नहीं होता। मैं यह कहता हूँ कि यदि मनुष्य में आलस्य न होता, तो वह कदापि उन्नति न करता और जानवरों की भाँति संसार में वृक्षों के तले अपना जीवन व्यतीत न करता। आलस्य के ही कारण मनुष्य को गाड़ियों की आवश्यकता पड़ी। यदि

गाड़ियाँ न बनतीं, तो आजकल वाष्पयान और वायुयान का भी नाम न होता। आलस्य के ही कारण मनुष्य को तार और टेलीफोन का आविष्कार करने की आवश्यकता हुई। अँगरेजी में एक उक्ति ऐसी है कि 'Necessity is the mother of invention' अर्थात् आवश्यकता आविष्कार की जननी है, किंतु वे लोग यह नहीं जानते कि आवश्यकता आलस्य की आत्मजा है। आलस्य में ही आवश्यकताओं का उदय होता है। यदि स्वयं जाकर अपने मित्रों से बातचीत कर आवें, तो टेलीफोन की क्या आवश्यकता थी ? यदि मनुष्य हाथ से काम करने का आलस्य न करता, तो मशीनों को भला कौन पूछता ? यदि हम आलसी लोगों के हृदय की आंतरिक इच्छा का मारकोनी साहब को पता चल गया तो शीघ्र ही एक ऐसे यंत्र का आविष्कार हो जावेगा, जिसके द्वारा हमारे विचार पत्र पर स्वत: अंकित हो जाया करेंगे। फिर हम लोग बोलने के कष्ट से भी बच जाएँगे। विचार की तरंगों को तो वैज्ञानिक लोगों ने सिद्ध कर ही दिया है। अब कागज पर उनका प्रभाव डालना रह गया। दुनिया के बड़े-बड़े आविष्कार आलस्य और ठलुआ-पंथी में ही हुए हैं। वॉट साहब ने (जिन्होंने वाष्प-शक्ति का आविष्कार किया है।) अपने ज्ञान को एक ठलुआ बालक की स्थिति से ही प्राप्त किया था। न्यूटन ने भी अपना गुरुत्वाकर्षण का सिद्धांत बेकारी में ही पाया था। दुनिया में बहुत बड़ी-बड़ी कल्पनाएँ उन्हीं लोगों ने की हैं, जिन्होंने चारपाई पर पड़े-पड़े ही अपने जीवन का लक्ष्य पूर्ण किया। अस्तु, संसार को लाभ हो या हानि, इससे हमको प्रयोजन ही क्या ? यह तो सांसारिक लोगों के संतोष के लिए हमने कह दिया, नहीं तो हमको अपने सुख से काम है। यदि हम सुखी हैं तो संसार सुखी है। ठीक ही कहा है कि 'आप सुखी तो जग सुखी।' सुख का पूरा-पूरा आदर्श वेदांत में बतलाया है। उस सुख के आदर्श में पलक मारने का भी कष्ट उठाना महान् पाप है, अष्टावक्र-गीता में कहा है—

व्यापारे खिद्यते यस्तु निमेषोन्मेषयोरपि;
तस्यालस्यधुरीणस्य सुखं नान्यस्य कस्यचित्।

(षोड्श प्रकरण श्लोक 4)

अर्थात् जो पुरुष नेत्रों के निमेष-उन्मेष के व्यापार (नेत्रों के खोलने-मूँदने) में भी परिश्रम मानकर दुःखित होता है, उस परम आलसी एवं ऐसे निष्क्रिय पुरुष को ही परम सुख मिला है, अन्य किसी को नहीं।

लोग कहते हैं कि ऐसे ही आलस्य के सिद्धांतों ने भारतवर्ष का नाश कर दिया है। परंतु वे यह नहीं जानते कि भारतवर्ष का नाश इसलिए नहीं हुआ कि वे आलसी हैं, वरन् इसलिए कि अन्य देशों में इस आलस्य के स्वर्ण-सिद्धांत का प्रचार नहीं हो पाया है। यदि उन देशों को भारत की यह शिक्षा-दीक्षा मिल गई होती, तो वे शय्याजन्य नैसर्गिक सुख को त्याग, यहाँ आने का कष्ट न उठाते। यदि बिना हाथ-पैर चलाए लेटे रहने में सुख मिलता है, तो कष्ट उठाने की आवश्यकता ही क्या है? बेचारे अर्जुन ने ठीक ही कहा था कि युद्ध द्वारा रक्त-रंजित राज्य को प्राप्त करके मैं अश्रेय का भागी बनना नहीं चाहता। वह वास्तव में आराम से घर बैठना चाहता था। किंतु वह भी कृष्णजी के बढ़ावे में आ गए और 'यशोलभस्व' के आगे उनकी कुछ भी न चल सकी। फिर फल क्या हुआ कि सारे वंश का नाश हो गया। इस युद्ध का कृष्ण भगवान् को अच्छा फल मिल गया। उनका वंश भी पहले की लड़ाई में नष्ट हो गया।

महाभारत में कहा है कि—

'दुःखादुद्विजते सर्वः सुखं सर्वस्य चेप्सितम्।'

अर्थात् दुःख से सब लोग भागते हैं एवं सुख को लोग चाहते हैं। हम भी इसी स्वाभाविक नियम का पालन करते हैं। इन सिद्धांतों से तो आपको प्रकट हो गया होगा कि संसार में आलस्य कितना महत्त्व रखता है। इसमें संसार की हानि ही क्या? मैंने अपने सिद्धांतों के अनुकूल जीवन व्यतीत करने के लिए कई मार्ग सोचे, किंतु अभाग्यवश वह पूर्णतया सफल न हुए, इसमें मेरा दोष नहीं है। इसमें तो संसार का ही दोष है; क्यों कि वह इन सिद्धांतों के लिए अभी परिपक्व नहीं है। अस्तु, वर्तमान अवस्था में बिना उद्योग के भी काफी सुख मिल सकता है। उद्योग करके सुख प्राप्त किया, तो वह किस काम का? आलसी जीवन के लिए सबसे अच्छा स्थान तो सफाखाने की चारपाई है। एक बार मेरा विचार हुआ था कि किसी बहाने से युद्धक्षेत्र में पहुँच जाऊँ तथा

वहाँ पर थोड़ी-बहुत चोट खाकर सफाखाने के किसी पलंग में स्थान मिल जाए किंतु लड़ाई के मैदान तक जाने का कष्ट कौन उठाए और बिना गए तो उन पलंगों का उपभोग करना इतना ही दुर्लभ है, जितना पापी के लिए स्वर्ग।

भाग्यवश मुझे एक समय ऑपरेशन कराने की आवश्यकता पड़ गई और थोड़े दिनों के लिए बिना युद्धक्षेत्र गए ही मेरा मनोरथ सिद्ध हो गया; किंतु पुण्य क्षीण होने पर सफाखाना छोड़ना पड़ा। मैं बहुत चाहता था कि मुझे जल्दी आराम न हो, किंतु डॉक्टर लोग मारने वाले जीव थोड़े ही हैं; अति शीघ्र मुझे विदा कर दिया, मानो मेरे आराम से स्पर्धा होती थी। तब से ऐसे फिर सुअवसर की बाट जोह रहा हूँ कि मुझे वही पलंग प्राप्त हो, जहाँ पर कि मल-मूत्र त्याग करने के लिए भी स्थान छोड़ने का कष्ट न उठाना पड़े। खैर, अब भी जहाँ तक होता है, मैं शय्या की सेवा से अपने को विमुख नहीं रखता। मेरा सब कारोबार, भोजन एवं कसरत भी उसी सुख-निधान पलंग पर हो जाती है। कभी कभी नहाने-धोने के लिए उससे वियोग होता है, तो उसको एक आवश्यक बुराई समझकर जैसे-तैसे स्वीकार कर लेता हूँ। धन्य हैं तिब्बत के लोग, जिन्हें नहाने का कष्ट नहीं उठाना पड़ता। ईश्वर ने न जाने मेरा जन्म वहाँ क्यों नहीं दिया ? तिब्बत का प्राचीन नाम त्रिविष्टप था। शायद इसी सुख के कारण वही बैकुंठ कहलाता है। बैकुंठ को लोग क्यों चाहते हैं, क्योंकि वहाँ आलस्य धर्म का पूर्णतया पालन हो सकता है। वहाँ किसी बात का कष्ट ही नहीं उठाना पड़ता। कामधेनु और कल्पवृक्ष को ईश्वर ने हमारे ही निमित्त निर्माण किया है। आजकल कलियुग में और भी सुभीता हो गया है। अब स्वर्ग तक कष्ट करने की भी आवश्यकता नहीं। कल्पवृक्ष बिजली के बटन के रूप में महीतल पर अवतरित हो गया है। बटन दबाइए, पंखा चलने लगेगा, झाड़ू भी लग जावेगी, यहाँ तक कि पका-पकाया भोजन भी तैयार होकर हाजिर हो जावेगा। बिना परिश्रम के चौथी-पाँचवीं मंजिल पर लिफ्ट द्वारा पहुँच जाते हैं। इन्हीं सब आलस्य की आवश्यकताओं को पूर्ण करने के लिए संसार में उन्नति का क्रम चला है; और उन्नति में गौरव मानने वाले लोगों को हम आलसियों का अनुगृहीत होना चाहिए।

उपर्युक्त व्यवस्था से प्रकट हो गया कि आलस्य का इस संसार में इतना महत्त्व है। अब मैं आप महानुभावों के शिक्षार्थ एक आदर्श आलस्याचार्य का वर्णन कर, अपने वक्तव्य को समाप्त करूँगा, क्योंकि मैं समझता हूँ कि आप लोगों की पीठें शय्या के लिए बहुत ही उत्सुक हो रही होंगी।

कहा जाता है कि एक बड़े भारी आलसी थे। वह जहाँ तक होता था, हाथ क्या, अपनी उँगली को भी कष्ट नहीं देना चाहते थे। उनके मित्रवर्ग ने उनसे तंग आकर सोचा कि इनको जीवित ही कब्र की शांतिमयी निद्रा का सुख प्राप्त करा दें। इस इरादे से वह उनको चारपाई पर रख ले चले। रास्ते में एक धनाढ्य अमेरिकन महिला मिली। उसने जब यह शव-सा जाता हुआ मनुष्य देखा, तो उसका कुतूहल बहुत बढ़ा और उसने शय्या-वाहक से सब वृत्तांत पूछा। उस दयामयी स्त्री ने हमारे चरित्र-नायक से कहा कि आप मेरे यहाँ चलने की कृपा कीजिए। मैं आपको बिना कष्ट के ही भोजनादि से संतुष्ट करती रहूँगी। हमारे आलस्याचार्य ने पूछा कि आप मुझे भोजन में क्या-क्या देवेंगी? उस महिला ने बहुत से पदार्थों का नाम लिया, उनमें उबले हुए आलू भी थे। इस पर उन्होंने कहा कि आलुओं को छीलेगा कौन? (लंच में कभी-कभी वे छिले ही आलू देते हैं) इस पर उस स्त्री को बहुत झुँझलाहट आई। हमारे आलस्याचार्य ने कहा कि मैं तो पहले ही से जानता था कि आप मेरी सहायता न कर सकेंगी और आपने वृथा मेरा समय नष्ट किया, नहीं तो मैं अभी तक आर्यन आनंद-भवन में प्रवेश कर चुका होता। इतना कहकर उन्होंने शय्या-वाहकों को आगे चलने की आज्ञा दी।

इस आदर्श को मूर्खता न समझिए। वेदांत का मोक्ष और बौद्ध-निर्वाण इससे भिन्न नहीं है। भेद केवल इतना ही है कि इस प्रकार के जीवन को दार्शनिक रूप नहीं दिया गया है। इसलिए आप लोग जो इस सभा के सदस्य हैं, मेरे सिद्धांतों से सहमत हो निम्नलिखित प्रस्तावों को स्वीकार करें—

(1) यह सभा प्रस्ताव करती है कि भारत-सरकार के कानून-विभाग से यह प्रार्थना की जावे कि ताजीरात-हिंद में एक धारा बढ़ाकर दिन-रात में दस घंटों से कम सोना दंडनीय बनाया जावे, क्योंकि

कम सोनेवाला मनुष्य आत्महत्या का दोषी होता है।

(2) यह सभा प्रस्ताव करती है कि जो लोग ताश खेलना नहीं जानते हैं अथवा जो लोग तंबाकू न पीते हों, उन लोगों पर आमदनी के 5 रुपया प्रतिशत के हिसाब से कर लगाने की प्रार्थना की जावे। इससे सरकार की आमदनी बढ़ेगी। इसके सिवा लोगों को ठलुआ–पंथी से अरुचि न होगी।

(3) यह सभा प्रस्ताव करती है कि जो लोग इस सभा में रुपया–पैसा कमाने या और कोई उपयोगी बात जिसकी कीमत आने–पाइयों में हो सकती है, कहेंगे, वे इस सभा से बहिष्कृत कर दिए जावेंगे।

(4) यह सभा प्रस्ताव करती है कि अमेरिका और इंग्लैंड की मोटर–कंपनियों से निवेदन किया जावे कि भविष्य में जो मोटरें बनवाई जावें, वे ऐसी हों कि उनमें पैर पसारकर लेटे हुए सफर कर सकें। इसके अतिरिक्त ऐसी छोटी–छोटी मोटर–मशीनें तैयार करवाई जावें कि वे हमारी चारपाइयों में लगाई जा सकें और बटन दबाने से हमारी चारपाई एक स्थान से दूसरे स्थान तक जा सके। पहले लोगों की कल्पना–शक्ति अच्छी थी। वे वायुयान को उड़नखटोला कहते थे। खटिया नहीं तो खटोला अवश्य ही था, उड़नखटोला के स्थान में मोटर–पलंगों की आयोजना संसार की उन्नति के लिये परमावश्यक है।

(5) यह सभा प्रस्ताव करती है कि सरकार से यह प्रार्थना की जावे कि संसार में सबसे बड़े शांति–स्थापनाकर्ता को जो नोबेल प्राइज मिलता है, वह सबसे बड़े आलसी को दिया जावे! क्योंकि आलसियों के बराबर संसार में दूसरा कोई भी शांति–स्थापनाकर्ता हो ही नहीं सकता। यदि वह इनाम काम करने वाले शक्तिशाली पुरुष को दिया जावेगा, तो वह कैंसर की भाँति संसार में युद्ध की ज्वाला को प्रचंड कर पुरस्कार–दाता की आत्मा को दुःख देगा।

आप लोगों का अधिक समय न लेकर मैं अपने भाषण को आलसियों

के शांति संगीत से समाप्त करूँगा। यह गायन हम लोग अपनी चारपाइयों पर गाया करते हैं। यही हमारा जातीय गीत है—

सुख-सेवक हैं नर हम हम हम।
दुःख से भय करते हम हम हम हम।
कभी कष्ट नहिं आवे हम पर, शयन करें नित मौजी बनकर।
नाम काम का लेऊँ न छन-भर, भोजन डटें सदा ही मन-भर।
गप्पों में जाते रम रम रम।
आग लगी भी हो झर झर झर, माल रहा हो जल फर फर फर।
लोग उठाते हों सर सर सर, तो भी हम सोवें घर घर घर।
कभी न करते हैं श्रम श्रम श्रम।
काम स्वप्न में भी सुन पावें, तो हम चुपके कान दबावें;
नहीं भूलकर हाथ चलावें, चाहे भूखों भी मर जावें।
रहें डटे ही हम जम जम जम।
कैसा भी अपमान सहें हम, तब भी पूरन शांत रहें हम।
नहीं कभी निज कष्ट कहें हम, बस खटिया की शरण गहें हम।
दुनिया है सारी भ्रम भ्रम भ्रम।
सुख-सेवक नर हैं हम हम हम।

□

ठलुआ क्लब की नवीं बैठक

आफत का मारा दार्शनिक

श्रद्धेय सभापति महोदय एवं प्रिय ठलुआ-वृंद,

मुझे आप लोगों की सभा के सदस्य होने का एक नैसर्गिक अधिकार है। दार्शनिकों का काम सोच-विचार का है और सोच-विचार के लिए ठलुआ-पंथी से बढ़कर कोई उपजाऊ भूमि नहीं।

इस नैसर्गिक अधिकार के अतिरिक्त मैंने अपने सुकार्यों द्वारा, जिनको कि मैं आपके सम्मुख प्रकट करने के लिए उपस्थित हुआ हूँ, अपने को ऐसा बना लिया है कि इस क्लब से मैं बाहर हो ही नहीं सकता।

यद्यपि मुझे ब्रिटिश-बॉर्न होने का गौरव प्राप्त है, तथापि मैं अपना मरण भारतवर्ष में ही चाहता हूँ; क्योंकि यहाँ के अनेक नगर ऐसे हैं, जहाँ मरने से इस लोक में गौरव और परलोक में स्वर्ग प्राप्त होता है।

जन्म का गौरव तो मुझे सहज ही प्राप्त था और मरण का गौरव मैंने आपके क्लब की मेंबरी कर अपने लिए पक्का कर लिया है। इसलिए मैं अब यहाँ से बाहर नहीं आता।

गत यूरोप के महासंग्राम से पूर्व मैं इंगलिस्तान के एक बड़े विश्वविद्यालय में दर्शन-शास्त्र का प्रोफेसर था। संग्राम के शुरू होते ही साम्राज्य-रक्षा की लहर मेरे मन में उठी और मैं टेरीटोरियल फोर्स में भरती होकर भारतवर्ष आया।

एक वर्ष टेरीटोरियल्स सेना भारतवर्ष में ही रही। इस समय में मैंने आगरा, इलाहाबाद, बनारस आदि सब विद्या-केंद्रों में भ्रमण किया और मुझे

अनेक दार्शनिक विद्वानों से मिलने तथा दार्शनिक सभाओं में वाद-विवाद सुनने का अवसर मिला। दर्शनशास्त्र में भारतवासियों की गति देख का आश्चर्य हुआ। आश्चर्य की कोई बात न थी; क्योंकि यहाँ पर निर्धनता के होते हुए भी जीवन-संग्राम इतना घोर नहीं है जितना कि अन्य देशों में। मैंने भी सोचा, यदि मैं न मरा तो, समझ लूँगा कि भारतवर्ष में मरने के लिए बच गया हूँ और फिर शेष जीवन बनारस में ही बिताऊँगा, तथा 'चना-चबेगा और गंग-जल' पर निर्भर रहकर विश्वनाथ-दरबार में पड़ा-पड़ा जीव, ईश्वर और संसार की समस्याओं को हल करने का भार अपने सिर पर ले लूँगा। आखिर हम लोगों का भी नंबर फ्रांस के रणक्षेत्र में जाने का आ पहुँचा। कई दिनों के बाद एक बड़े हमले में सम्मिलित होने की नौबत आई। सब प्रकार युद्ध-संबंधी शिक्षा-दीक्षा मिलने पर भी दार्शनिक संस्कारों का अंकुर नष्ट नहीं हुआ था। मृत्यु दार्शनिक विचारों की उत्तेजक समझी गई है। रणांगण में, जहाँ कि मृत्यु का ही सामना है, दार्शनिक विचारों की लहर उठते क्या देर लगती है? मैं तो स्वभाव से ही दार्शनिक था, फिर भारतवर्ष में रहकर वहाँ अर्जुन और कृष्ण के संवाद की कथा सुन और समझ भी चुका था; फिर क्या है 'करेला और नीम चढ़ा' की लोकोक्ति चरितार्थ हो गई। मुझे भी अर्जुन का-सा मोह उठ खड़ा हुआ।

दुर्भाग्य से मेरे पास जो एक और लेफ्टीनेंट थे, वह भी पूरे दार्शनिक तो न थे, किंतु दार्शनिक विषयों में थोड़ी-बहुत टाँग अड़ा सकते थे और कुछ नहीं तो दार्शनिक बनने की इच्छा भी रखते थे। अब तो दो दीवाने मिल गए। प्रश्न उठा कि यदि सामने की फौज में जर्मनी की ओर से आइकिन (Oecken) नाम का जर्मन दार्शनिक आया हो, तो उस पर गोली चलाना धर्म होगा या पाप? आइकिन दार्शनिक है, तो क्या उसके वध से संसार के भावी ज्ञानक्षेत्र को संकुचित करने का अपराध हम पर न लगेगा? 'ज्ञान-साम्राज्य' के बंधन को माना जाए या 'ब्रिटिश-साम्राज्य' के बंधन को? पिछला बंधन निकटतर है; किंतु उसी के साथ पहला बंधन विश्वव्यापी और चिर-स्थायी है। मनुष्य समाज और भाषी दार्शनिक इतिहास के सामने जातीय इतिहास का विचार एक संकुचित ध्येय है। यदि ऐसा ही था, तो इस युद्धस्थल तक आए

ही क्यों? यदि न आता, तो यह समझा जाता कि देश की रक्षा से अपनी रक्षा को मैं प्रधानता देता हूँ और देश के लिए बुरा नमूना समझा जाता। मेरे मित्र ने कहा कि इस कार्य को अच्छा समझा, तभी तो आए। नहीं, ठीक ऐसा तो नहीं है। कुछ जेल जाने के भय से भी चला आया। तो अब यह विचार क्यों? खैर, एक बार गलती हो गई, तो दो बार गलती करना आवश्यक नहीं। दो 'नहीं' की एक 'हाँ' हो जाती है, लेकिन दो 'गलतियों' की एक सही नहीं होती। चढ़ाई में आने से पूर्व आइकिन का खयाल नहीं आया था। यह तो नई स्थिति है, इसके अनुकूल विचार करना चाहिए। इस स्थिति के संबंध में पहला विचार तो यह है—'क्या वह इंगलिश जाति का हनन करने के लिए स्वयं अपनी इच्छा से इस संग्राम में सम्मिलित हुआ? या अपने राज्य के दबाव से ? यदि वह स्वयं आया है, तो अवश्य वध के योग्य है और यदि मजबूरन आया, तो उसको मारना पाप होगा। लेकिन यदि स्वयं अपनी इच्छा से आया, तो उसने अपने देश की सहायता करने को धर्म समझा और धर्म करने वाले मनुष्य को मारना पाप है। किंतु हम भी अपनी जाति की रक्षा के लिए यहाँ उपस्थित हैं और इस धर्म-कार्य को करते हुए कोई पाप हो जाए तो क्षम्य है। यदि वह सब भी मान लें कि वह अपनी इच्छा से वहाँ से आया और इस कारण वध के योग्य है, किंतु जिस समय देशवाले संग्राम में सम्मिलित होने की अपील करते हैं, उस समय क्या मनुष्य की बुद्धि ठिकाने रहती है?

भावोत्तेजक होने पर बुद्धि का ह्रास हो जाता है। मनुष्य नहीं रहता। क्या ऐसी अवस्था में आए हुए मनुष्य को अपने कार्य का उत्तरदायी ठहरा सकते हैं और जो अपने कार्य का उत्तरदायी नहीं, उसका वध करना कहाँ तक उचित है? इसके साथ यह भी विचार करना चाहिए कि जो लड़ाई में आता है, वह अपने व्यक्तित्व को छोड़ राज्य के व्यक्तित्व में शामिल हो जाता है। मेरी विचारशृंखला कुछ धीरे कुछ जोर से चली ही थी। कभी-कभी मेरे मित्र की हाँ-ना अथवा एक-आधे छोटे प्रश्न से भंग हो जाती थी। किंतु इस स्थान में सामने से एक गोली ने आकर बड़ी भारी 'ना' कर दी। गोली मेरी बाँह में ही लगी थी। मैं मूर्च्छागत हो गया। जागा तो मैंने अपने को एक अस्पताल

में पाया। वहाँ दो-एक दिन सेवाशुश्रूषा के पश्चात् जब स्थिति का पूर्ण पता लगा, तो लोगों से मैंने अपने मित्र के विषय में पूछा। मुझे बड़े खेद के साथ सुनना पड़ा कि उनको भी गोली लगी थी, किंतु उनकी वहीं पर मृत्यु हो गई। उनकी मृत्यु का भार एक प्रकार से मेरे सिर पर ही रहा और सोते-जागते उनका चित्र मेरे सामने रहने लगा। इस बात ने मेरे शीघ्र अच्छा होने में बहुत बाधा डाली। फिर मैं विलायत भेज दिया गया। वहाँ एक मनोविश्लेषण-शास्त्री (Psychoanalysist) ने मेरी मानसिक चिकित्सा की। उससे मेरा दुःस्वप्न नष्ट हुआ। मेरी बाँह तो बेकाम हो गई, लेकिन वैसे मैं स्वस्थ हो गया।

लड़ाई के बाद टैक्सों के कारण विलायत का जीवन बहुत महँगा हो गया था। भारतवर्ष में शेष जीवन बिताने का संकल्प कर ही चुका था। किंतु मेरे पास भारतवर्ष आने के साधन न थे। इतने ही में एक ईसाई-कॉलेज में दार्शनिक की माँग हुई। दर्शन-शास्त्र के संबंध में जो मैं पहले काम कर चुका था, वह कॉलेज में मेरी स्वीकृति के लिए पर्याप्त था। भारतवर्ष आया, कॉलेज में पढ़ाना शुरू किया; किंतु मैं यहाँ की पाठन-पद्धति से परिचित न था। परिचित हुआ, तो वह मेरे विचारों के अनुकूल न पड़ा। सुकराती पद्धति से ज्ञान उत्पन्न करना मेरा लक्ष्य था। यहाँ लोग पुस्तकों के दास बनकर परीक्षोत्तीर्ण होना अपना परम श्रेय समझते थे। साल भर में एक किताब भी खत्म न हुई। लड़के धड़ाधड़ फेल हुए। मेरी शिकायतें हुईं, प्रिंसिपल ने कहा-सुना, वह मुझ ऐसे पंडित को असह्य हुआ। नौकरी छोड़कर काशी चला आया हूँ। कभी-कभी विश्वविद्यालय में लैक्चर दे आता हूँ और दिन भर आपके ठलुआ क्लब में अपना समय बिताता हूँ। यहाँ के श्लाघनीय अवकाश में दार्शनिक विचारों की धारा दिवस-निशि अकुंठित गति से बहती रहती है। इसलिए मैं आप लोगों का हृदय से आभारी हूँ, और ईश्वर से प्रार्थना करता हूँ कि इस ठलुआ क्लब के मेंबरों की संख्या दिन दूनी और रात-चौगुनी बढ़ती रहे। आमीन। □

फिर निराशा क्यों?

प्राक्कथन

'फिर निराशा क्यों?' नामक पुस्तक उच्च दार्शनिक और नैतिक विचारों से परिपूर्ण है। इस पुस्तक की विशेषता यह है कि लेखक ने मनुष्य की अपूर्णता को उसकी उत्तरोत्तर वृद्धि और विकास का साधक माना है। इस दृष्टि से अपूर्णता और अनंतता पूर्णता का पर्याय बन जाती है। इस प्रकार मनुष्य की दीन-हीन दशा निराशा का विषय नहीं रहती। यह वर्तमान दशा मनुष्य की अंतिम दशा नहीं। मनुष्य ब्रह्म का अंश होने के कारण अपनी वर्तमान दशा का अनुभव करता जा रहा है। जब तक मनुष्य अपनी वास्तविक स्थिति नहीं समझता, तभी वह नैराश्य के सागर में गोते खाता रहता है। लेखक ने मनुष्य-जाति की उच्च स्थिति बतलाकर पाठकों के हृदयों में आशा के बीज बोए हैं। यह आशा केवल सांसारिक और सामाजिक विषयों के प्रति नहीं, प्रत्युत मनुष्य की बुद्धि को प्रधानता देकर आध्यात्मिक विषयों की बहुत सी उलझन सुलझ जाने की भी आशा दिलाई है।

यह पुस्तक अपने ढंग की निराली ही है। हिंदी-साहित्य में इस प्रकार की बहुत कम पुस्तकें हैं, बल्कि यह कहना कि ऐसी पुस्तकों का एक तरह से अभाव है, अत्युक्ति नहीं।

जो पुस्तक निरुत्साह, हताश और पुरुषार्थ-हीन के हृदय में आत्मगौरव-ज्ञान की जागृति करे, जो उनके शिथिल शरीरों में नवीन जीवन-शक्ति का संचार करे, जो विषाद-युक्त मनों में अपार हर्ष की कली प्रस्फुटित करके पुरुषार्थ करने के लिए प्रोत्साहित करे, जो अपने कर्तव्य-कार्यों में कटिबद्ध

होने की उत्तेजना दे और आपत्तियों तथा कठिनाइयों का प्रसन्नतापूर्वक सामना करने को उद्यत करे, जो दु:ख और क्लेशों की तुच्छता बताकर उनके सुख और आनंद की वृद्धि करे, वह नि:संदेह परमोपयोगी ही नहीं, बल्कि अति सराहनीय है। आशा है, इस पुस्तक का सर्वसाधारण में यथोचित आदर होगा।

—प्रकाशक

लेखक का वक्तव्य

आत्मैव ह्यात्मनो बन्दुरात्मेव रिपुरात्मनः।

—भगवद्गीता

अपने लिखे हुए को लेखक ही भलीभाँति बता सकता है। इसी कथन के आधार पर, यदि कोई संक्षेपता प्रिय पाठक मुझसे एक शब्द में इस पुस्तक का सारांश पूछना चाहे, तो मुझे उससे यही कहना पड़ेगा कि वह शब्द 'मानव-गौरव' है।

मानव-गौरव से पाठकगण शायद कुछ और न समझ जाएँ, इस कारण मानव-गौरव की थोड़ी सी व्याख्या कर देनी आवश्यक है। मानव-गौरव वृथाभिमान नहीं है और न यह ईश्वर से भिन्न होना ही है। मानव-शक्तियों और संभावनाओं को यथावत् जानकर अपने में विश्वास रखना ही सच्चा गौरव है। आत्मगौरव ही पुरुषार्थ का मूल है और बिना पुरुषार्थ के किसी प्रकार की उन्नति संभव नहीं।

न हि सुप्तस्य सिंहस्य प्रविशन्ति मुखे मृगाः।

इस स्थान पर आत्मगौरव की विशेष व्याख्या करना उचित न होगा। भूमिका ही पुस्तक बन जाएगी और मुझे पुनरुक्ति तथा समय के वृथा व्यय के लिए कोई बहाना भी न मिलेगा। किंतु दो-एक संभावित आक्षेपों का उत्तर देना बहुत से झगड़ों को बचा देगा, और पुस्तक के प्रतिपाद्य विषय पर भी एक नई झलक पड़ जाएगी।

पुस्तक पढ़कर कुछ लोग यह अवश्य कहेंगे कि आत्मबल और पुरुषार्थ

की डींग मारने से क्या होता है, कितने ही प्रयत्न निष्फल होते हैं, और कितनी ही आशाओं पर पानी पड़ जाता है। फिर मनुष्य का गौरव कहाँ? ठीक है। किंतु हमारा यह तो कहना नहीं कि मनुष्य सबकुछ कर सकता है। वह प्राकृतिक नियमों को नहीं बदल सकता। प्रकृति के नियम अटल हैं, किंतु उन नियमों को समझकर मनुष्य उनसे अधिक लाभ अवश्य उठा सकता है। प्रवाह के प्रतिकूल जाना कठिन है, किंतु प्रवाह के वेग के साथ अपना बल लगा देने से मनुष्य शीघ्र ही अभीष्ट प्राप्त कर सकता है। मनुष्य प्रवाह से बाहर नहीं। प्रवाह की गति को क्षिप्र अथवा मंद बनाने में उसका भी हाथ है। यदि वह प्रवाह के प्रतिकूल चलेगा, तो उसके बल का वृथा क्षय होगा और प्रवाह की भी गति किसी-न-किसी अंश में अवरुद्ध हो जाएगी। यदि वह अनुकूल चलेगा, तो उसकी भी शक्ति बढ़ेगी, और प्रवाह की गति का वेग भी बढ़ जाएगा। इसलिए मनुष्य को प्रवाह की गति का झुकाव भले प्रकार समझकर उसका वेग बढ़ाने का यत्न करना चाहिए। ऐसा करने से उसकी सब आशा-लताएँ हरी-भरी हो जाएँगी और उसके मनोरथ सफल होंगे। हमारी जो इच्छाएँ ईश्वर की इच्छा तथा प्राकृतिक नियमों के अनुकूल होती हैं, उनका पूरा होना किसी प्रकार असंभव नहीं। किंतु उसमें भी प्रयत्न करने की शर्त लगी हुई है। प्रयत्न के बिना कार्य-सिद्धि नहीं होती। निष्क्रिय लोग भी गति के अवरोधक होते हैं। वे दूसरों की शक्ति का अपव्यय कराते हैं। शुभ कामना और सत्य संकल्पों का होना अच्छा है, किंतु प्रयत्न के बिना वह सब निष्फल है। अतः मनुष्य को चाहिए कि वह शुभ कामना-युक्त हो और साथ ही पुरुषार्थी भी बने। निराशावाद की आवश्यकता नहीं। संसार इतना बुरा नहीं, जैसा वह चित्रित किया जाता है। बुराई की अपेक्षा भलाई अधिक है। अस्पतालों की अपेक्षा घर अधिक हैं। डॉक्टरों की अपेक्षा रसोइए अधिक हैं।

कुछ लोग कह सकते हैं कि इस पुस्तक में मनुष्य-जाति का गौरव बताते हुए उसकी कमजोरियों की भी बड़ाई की गई है। इससे लोगों को पाप में प्रवृत्त होने के लिए और भी उत्तेजना मिलेगी। मेरा यह अभिप्राय कदापि नहीं कि लोग देख-भाल कर भी खाई में गिरें, और न मैं सच्चे, साधु-वृत्ति

लोगों के पुण्य चरित्रों का तिरस्कार कर पापियों के निंदनीय कर्मों का आदर करना चाहता हूँ। किंतु यह अवश्य मानता हूँ कि जो लोग गिरे हुए हैं, उन्हें सहायता देना, उनसे घृणा न करना और उनके साथ रहकर उन्हें उठाना मनुष्य-मात्र का कर्तव्य है। साथ ही जो लोग पाप से बचे हुए हैं, उन्हें इस बात पर अभिमान नहीं करना चाहिए कि वे पापी नहीं। अभिमान करना भी एक पाप है। जो लोग अभिमान करते हैं, वे पाप से खाली नहीं। ऐसे दुरभिमानी दूसरों को निरुत्साह कर देते हैं और उस गिरे हुए मनुष्य के न उठने का कारण बन जाते हैं। वे स्वयं पापियों के दल में मिलकर दलदल में फँस जाते हैं। ऐसे लोगों की अपेक्षा वे पापी ही भले हैं, जो अभिमान नहीं करते। उनके पास बैठकर सदुत्साह की तरंगें उठने लगती हैं। मनुष्य को न तो विषयों में ऐसा लिप्त होना चाहिए कि वह कर्तव्याकर्तव्य सुध भूल जाए और न उसे ऐसा कर्तव्य-परायण ही बनना चाहिए कि सारे संसार को सिर पर उठा रखे, और कर्तव्य से लोगों का दिल फेर दे। जो कुछ संसार में है, उससे किसी प्रकार की इच्छा न रखते हुए उसी की शोभा में आनंदित हो, ईश्वर के प्रति अपनी कृतज्ञता प्रकाशित करना उचित है। जहाँ तक हो सके, श्रेय को ही प्रेय बनाने का यत्न करना चाहिए।

कहीं-कहीं यह भी कहा जाएगा कि प्रयत्न और पुरुषार्थ के भाव इस देश के नहीं। इस देश के लोग संसार को दुःखमय मानते आए हैं, और उन्होंने उसे सुखमय समझना अपने जातीय भावों के प्रतिकूल जाना है। ऐसा कहना अपने पूर्वजों का तिरस्कार करना और उनके प्रति कृतघ्नता दिखाना है। हमारे देश के रीत-रिवाज और आचार-व्यवहारों में ही हमारे जातीय भावों के तंतु छिपे हुए हैं। न हमारे यहाँ शैतान को मानते हैं, जो मनुष्य को सदा पाप की ओर घसीटता रहता है, और न कोई शोक-सूचक त्योहार ही है। फिर हिंदू-जाति के लोगों का सर्व दुःखवादी (Pessimist) कहना भूल है। और देखिए, हमारे देश के लोग दुःखांत नाटक तक पसंद नहीं करते थे। हमारे यहाँ के नाट्यशास्त्र का एक सुविख्यात नियम है कि सब नाटक सुखांत होने चाहिए। फिर सब नाटक का मूलाधार संसार-नाटक किस तरह

दुःखांत हो सकता है ? कहा जाता है कि हमारे पूर्व पुरुष भाग्य अथवा अदृष्टि को माननेवाले हैं। माना कि वे भाग्य को मानते हैं, तो क्या भाग्यवादियों को पुरुषार्थहीन होना चाहिए ? सच्चे भाग्य के माननेवाले भी दुःख को दुःख नहीं समझते। उसे वे कर्मगति अथवा हरि की इच्छा कह देते हैं। हरि की इच्छा क्या हमारे अहित के लिए हो सकती है ? भाग्य में विश्वास रखनेवाला भी आशा से खाली नहीं। वह जानता है कि मेरा पिछला भाग्य भी मेरे कर्मों का फल है और अगले भाग्य के लिए शुभ कर्म करने चाहिए। अतएव भाग्य को मानते हुए भी निराशा व्यर्थ है। असफलता कभी अवश्य होती है, परंतु उससे निरुत्साह न होना चाहिए, वरन् यह विचार करना चाहिए कि जिस मनुष्य में ऐसी शुभ कामनाएँ उच्च आशाएँ और विशाल मनोरथ उत्पन्न हो सकते हैं, वह पद-दलित होने के लिए नहीं है। उसकी उच्च आशाएँ, उच्च प्रकृति की सूचक हैं और वह अवश्य अपनी प्रकृति के अनुकूल उच्च पद प्राप्त करेगा।

इस पुस्तक में कुछ तत्त्वज्ञान संबंधी विचार भी हैं, जिनका यहाँ समर्थन करने से भूमिका का आकार पुस्तक के परिमाण से भी बढ़ जाएगा। विज्ञ पाठक स्वयं ही अपने स्वतंत्र विचार द्वारा इन सिद्धांतों का खंडन-मंडन कर लेंगे। मैं पाठकों की स्वतंत्रता में बाधा नहीं डालना चाहता। इस स्वतंत्रता के कारण शायद मुझे भी कुछ लाभ हो जाए, इसी आशा से मेरी यह पुस्तक पाठकों को भेंट है।

चैत्र शुक्ल 1 संवत् 1975 —**गुलाबराय**

फिर निराशा क्यों?

जिन ढूँढ़ा तिन पाइयाँ, गहरे पानी पैठ;
मैं बौरी ढूँढ़न गई, रही किनारे बैठ।

लोग कहते हैं—'समझनेवाले की मौत है।' हाँ, सच है। जो आँखें बंद किए बैठे रहते हैं, उनके चित्त में घृणोत्पादक दृश्य भी ग्लानि पैदा नहीं करते, किंतु जो लोग देखते हैं, उन्हें हर्ष होता है और विषाद भी। जो लोग घृणित पदार्थों के लिए आँखें मूँदे बैठे हुए हैं, वे मनोरम दृश्यों के दर्शन-लाभ से भी वंचित हैं।

कविगण संसार की विचित्रता से चकित हो कहने लग जाते हैं कि 'न जाने संसारः किममृतमयः किं विषमयः', किंतु जो लोग विष से भागते हैं, उन्हें अमृत के दर्शन भी नहीं होते। शिवजी ने कालकूट पिया, तो उन्हीं के मस्तक को पुण्य पीयूषस्रावी सुधांशु में विभूषित कर उन्हें चंद्रशेखर की पदवी दिलाई। यह तो सही विष से न भागने और कठिनाई सहने की बात। जीवन-संग्राम में बहुत से लोग कायरता कर जाते हैं। जो लोग जीवन-संग्राम से भागते हैं, वे विजय सुख से भी वंचित रहते हैं। जीवन-संग्राम की बात तो दूर रही, बहुत से लोग विचार-संग्राम में भी आगे नहीं बढ़ते। यह ठीक है, युद्ध की वार्त्ता दूर से ही अच्छी लगती है; किंतु जो लोग युद्ध में पड़ते हैं, वे युद्ध की कठिनाई के साथ-साथ युद्ध का सुख भी अनुभव करते हैं।

जानने में दुःख है और सुख भी। बाबा आदम ने ज्ञान का फल खाया। यही उनके पतन का कारण हुआ; किंतु यही उनके उत्थान का भी कारण है। अगर वह बुराई-भलाई न जानते तो अपने पैर-तले की मिट्टी के समान

ही बने रहते। यह सब ठीक है। जानने से जो मानसिक वेदना होती है, उसे जाननेवाले ही जानते हैं।

जाके पाँव न फटी बिवाई, सो क्या जाने पीर पराई?

विचार करते ही संशय के भँवर में गोते खाने पड़ते हैं, जिससे निकलना कठिन हो जाता है। चारों ओर हाथ-पैर पीटते-पीटते हाथ-पैर थक जाते हैं, हाँफते-हाँफते साँस फूल जाती है, दम घुट जाता है, अंग-प्रत्यंग एकदम शिथिल हो जाते हैं, किंतु इतने पर भी डूब जाने के डर से हाथ-पैर पीटना बंद नहीं होता। जब तक साँस तब तक आस।

यदि कहीं इस भँवर से निकलने में सफलता भी मिल गई—किनारे पर भी आ पहुँचे, तो भी क्या? आगे का मार्ग तो दुर्गम है। थके-माँदे मनुष्य ने इस पंकाकुल विकट पथ पर दो-चार कदम भी रखे, तो दलदल में फँस गया। दलदल से निकलने पर भी आपत्तियों का अंत न हुआ। छिद्रेष्वनर्था बहुली भवन्ति। आगे बढ़े, तो अज्ञान की कठोर भित्ति से सिर टकराया। उसके सामने आकर नैराश्य और असहायता में सहारा लेना पड़ता है। फिर नाना प्रकार की अनर्गल और निरर्थक कल्पनाएँ कर मन को समझाना पड़ता है।

कोई-कोई तो ऐसी दुर्दशा देखकर कहते हैं—भाई! यहाँ न आते तो अच्छे रहते। विचार-तरंगिणी में तैरकर क्या लाभ उठाया? उल्टी हानि ही हुई। अब हमको अपनी पूर्वस्थिति पर भी पहुँचना कठिन है। नदी के उस पार ही क्या बुरे थे। अज्ञान के बराबर कहीं आनंद नहीं।

कोई यह भी कहने लगते हैं—नहीं, नहीं, अच्छा हुआ, जो यहाँ तक आए। यह तो जान लिया कि सूची-भेद्य प्रगाढ़ अंधकार के अतिरिक्त आगे कुछ भी नहीं। जो कुछ है, सो दीवार के इसी पार है, आगे तो शून्य है। जितना जाना, वही सत् सबकुछ बाकी सब असत् है।

कुछ ऐसे भी हैं, जो यह कहते हैं—भाई! ठीक है, तैरने में कष्ट अवश्य हुआ, परंतु इससे हमारे अवयव पुष्ट हो गए। हमारी शक्ति बढ़ गई। कदाचित् फिर भँवर में पड़ जाएँ, तो अब डूबेंगे नहीं। अच्छा हुआ, जो स्वयं ही जल में घुस पड़े। शायद बढ़ता हुआ जल हमें हमारे स्थान से गिरा देता। तब तो अपने को सँभालना ही कठिन हो जाता। यहाँ तक आकर हम यह न मानेंगे

कि आगे कुछ है ही नहीं। जो कुछ द्रष्टव्य है, सो सब दीवार के उस पार ही है। और न यही कहेंगे कि इस पार तो केवल धोखा-ही-धोखा है, यह आलोकित भाग कुछ नहीं।

कोई कहते हैं—हाँ, बात तो ठीक है, किंतु दीवार अभेद्य है। उसकी दूसरी ओर कुछ है अवश्य। वही सत्य भी है, किंतु यह नहीं मालूम कि वह क्या है और कैसा है। हमारे पास कोई अंधकार-भेदक एक्स-रेज़ (X-Rays) नहीं, जो अज्ञान की दीवार को भेदकर पार कर सकें, और जिसके द्वारा हम उस पार की वस्तु देख सकें। और फिर सच तो यह है कि देखते तो हम अपनी बुद्धि के चश्मे से ही हैं। फिर इसका क्या निश्चय कि हमारा चश्मा रंगीन नहीं, और जो कुछ हम देखते हैं, वह वास्तविक है? 'एक्स-रेज़' के होने ही से क्या लाभ?

संसार के भँवर में पड़ने ही के भय से मानसी गंगा के पुण्य सलिल में स्नान न करना कायरता है। यही नहीं, वरन् अपने नैसर्गिक अधिकारों को खो बैठना भीषण आत्महत्या है।

'मैं कुछ नहीं जानता'—केवल इतना ही जान लेने के कारण सुकरात जानकारों में श्रेष्ठ गिना गया, यह ठीक है, किंतु इससे यह नहीं सिद्ध होता कि और कुछ जानने योग्य है ही नहीं अथवा दीवार के आगे कुछ भी नहीं। इससे केवल यही सिद्ध होता है कि खोज करनी चाहिए। और जिन बातों को हम ठीक समझते हैं, उन पर बिना विचार किए हमें उन्हें निश्चित विचार कहने का कोई अधिकार नहीं।

यह किस प्रकार हो सकता है कि दीवार के आगे कुछ नहीं है। जो स्थान देखा नहीं, उसके लिए इसका प्रमाण ही क्या कि वहाँ पर कुछ भी नहीं। फिर सत्ता की सीमा बाँधने का अधिकार किसे है?

यह भी कहना युक्तिसंगत नहीं कि जो कुछ है, सो दीवार के उस पार ही है—इस ओर की सभी बातें भ्रममूलक हैं। क्या हम और हमारे विचार सत्ता की सीमा से बाहर हैं? यदि ऐसा है, तो यह कहना होगा कि सत्ता के बाहर भी कोई ऐसी वस्तु है, जो सत्य है, नहीं तो हमें अपने विचार असत्य मानने पड़ेंगे। फिर यदि असत्य भी सही, तो क्या असत्य की सत्ता नहीं? और यदि

ऐसा नहीं, तो शून्य-ही-शून्य है। फिर न तो सच ही रहेगा, न झूठ ही। मूल के नाश होने पर वृक्ष, पत्र और फल, सभी का नाश हो जाता है।

इसका भी क्या प्रमाण कि हमारी बुद्धि का चश्मा ठीक नहीं? बुद्धि को चश्मा कहना उसे जान-बूझकर दूषित ठहराना है। बुद्धि चश्मा नहीं, मानसिक नेत्र है। यदि नेत्र का काम देखने का नहीं, तो फिर वह नेत्र ही नहीं और फिर उसके अस्तित्व से ही क्या? यदि हमारी बुद्धि द्वारा प्राप्त ज्ञान भ्रमात्मक है, तो हमें अपना ज्ञान भ्रममूलक ठहराने ही का क्या अधिकार? क्या हमारा एवं भूत ज्ञान निर्दोष ही रहेगा?

सत्ता के महासागर से बाहर कुछ भी नहीं है। हमारी बुद्धि भी दूषित नहीं। हम अपनी परिमितता के कारण भले ही सब न देख सकें, किंतु जो कुछ हम देखते हैं, मिथ्या नहीं। क्या अंश अंशी से भिन्न है? क्या चुल्लू भर जल से अथाह सागर की परीक्षा नहीं की जाती? वास्तव में जिसे हम दीवार कहते हैं, वह हमारे थके हुए मन की भ्रांति है। आगे न चलने की इच्छा ने यह दीवार अपने सुभीते के लिए खड़ी कर ली है।

दृश्य पदार्थ को छोड़कर वास्तविक सत्ता का क्या और कोई रूप है? वास्तविक सत्ता कोई नवोढ़ा स्त्री की भाँति नहीं, जो अपना दिव्य मुख सदा भ्रम-रूप दृश्यों के सघन अवगुंठन में छिपाए रखना चाहती हो। वह अपना मुख छिपाए, तो किससे? क्या उससे कोई बाहर है? उसका द्युतिमान आनन सदा चंद्र और सूर्य की अलौकिक आभा में दिखाई पड़ता रहता है। हाँ, यदि मान लिया कि सबकुछ भ्रम-ही-भ्रम है, फिर भ्रम से लाभ ही क्या? थोड़ा जानकर बहुत जानना संभव हैं, किंतु भ्रम में पड़कर उससे निकलना कठिन है। यदि वास्तविक सत्ता अज्ञेय है, तो उसे जाने बिना अपने को भ्रम में बताने के लिए क्या प्रमाण और ऐसे भ्रम की दशा में प्रमाणों की सत्यता का ही क्या प्रमाण? हमारा ज्ञान परिमित हो, पर भ्रममूलक नहीं। निराशा-निर्मित दीवार भी निश्चल और अभेद्य नहीं। ज्ञान की सीमा दिन-रात बढ़ती रहती है। आलोक की वृद्धि हो और अंधकार का ह्रास न हो? सूर-परकास तहँ रैन कहाँ पाइए? ज्ञान बढ़े और अविद्या न जाय? फिर निराशा क्यों?

□

मनुष्य की मुख्यता

नर-समान नहिं कवनिहुँ देही।
सुर-नर-मुनि सब याचत ये ही॥

—तुलसी

मनुष्य ही प्रकृति का राजा है। यह वाक्य मनुष्यों का ही है। इसकी सत्यता का प्रमाण क्या है? क्या यह अपने मुँह मियाँ-मिट्ठू बनना नहीं? हाँ, यह आत्म-प्रशंसा ही मनुष्य का प्रधान गुण है। इसी के कारण उसे यह राज्याधिकार प्राप्त हुआ है। अपने विषय में विचार कर लेना थोड़ा गुण नहीं। आत्मश्लाघा में आत्म-विचार की शक्ति छिपी हुई है। आत्म-विचार ही 'मनुष्य की मुख्यता' है। यही उसे संसार का शिरोमणि बनाता है।

अपने संबंध में विचार करना और सारे संसार को अपने विचार द्वारा उलट-पलट डालना बड़ा भारी गुण है। यह सही, किंतु मनुष्य के विचारों की सत्यता को क्या प्रमाण? क्या मनुष्य के अतिरिक्त और कोई जीवधारी उसके कथन की साक्षी भरता है? क्या साक्ष्य का न होना दोष नहीं?

साक्ष्य का न होना मनुष्य के कथन के गौरव को बढ़ाता ही है। वह मनुष्य की श्रेष्ठता का बड़ा भारी साक्षी है। मनुष्य के कथन को प्रमाणित करने के लिए और किसी गवाह की जरूरत नहीं। ईश्वर भी अपनी आज्ञाएँ मनुष्य के द्वारा ही प्रकाशित करना चाहता है। मनुष्य ही में ईश्वर की आज्ञा ग्रहण करने की शक्ति है, और वही अपने ऊपर शासन कर सकता है।

शुद्ध प्रशांत-चित्त कवियों और स्थितप्रज्ञ महात्माओं की वाणी में ईश्वर

के ही ज्ञान की झलक होती है। मनुष्य को स्फूर्ति द्वारा जो ज्ञान प्राप्त होता है, वह ईश्वर के निरपेक्ष एवं निर्विकल्प ज्ञान का ही अंश है। मनुष्य की स्फूर्ति ईश्वरीय ज्ञान के प्रकाशित होने का माध्यम है। फिर हम ऐसी महत्त्वपूर्ण वस्तु का क्यों तिरस्कार करें।

मनुष्य द्वारा ही सारी सृष्टि मूक से वाचाल होती है। मनुष्य ही सारी सृष्टि का मुख है *ब्रह्मणोऽस्य मुखमासीत्*। क्या ब्राह्मण मनुष्य में से नहीं? चराचर सत्ता मनुष्य को अपना मुख बनाकर आत्मकथा कहती है। आत्मकहानी कहने के लिए दूसरे साक्षी की आवश्यकता नहीं। जब डॉक्टर पूछता है कि आपके पैर में दर्द कैसा है, तब पैर का दर्द बतलाने के लिए मुख ही बोलता है। पैर अपना हाल नहीं कहता। हाथ भी मुख की गवाही देने को नहीं आता।

क्या मनुष्य भूल नहीं करता? क्या मनुष्य पाप-पंक में लिप्त नहीं? हाँ, मनुष्य भूल अवश्य करता है, किंतु उसकी भूल भी मतलब से खाली नहीं। भूल ही उसके ज्ञान का मूल है। भूल द्वारा ही छिपी हुई संभावनाएँ प्रकाशित होती हैं। भूल का संशोधन होने पर संभव निश्चय हो जाता है—कल्पना सिद्धांत की कोटि में आ जाती है। मनुष्य पाप कर सकता है—वही उसकी मुख्यता है, नहीं तो मनुष्य और पशु में अंतर ही क्या? यदि पाप करने की संभावना नहीं, तो सत्कार्य करने में भी कोई महत्त्व नहीं, हमारे दोष भी हमारे गौरव के कारण हैं, फिर निराशा क्यों?

□

सत्ता-सागर

एक ही तो असीम-उल्लास, विश्व में पाता विविधाभास;
तरल जलनिधि है हरित विलास शांत अंबर में नील विकास।

—सुमित्रानंदन पंत

संसार के सभी महासागर जिसकी एक छोटी सी लहर हैं, उसी सत्ता-सागर के हम भी एक बुद्बुद हैं। हम उस सागर के न भीतर हैं और न बाहर। उसी महासागर के जल-कण हैं। जलबिंदु जलधि से भिन्न नहीं और सिंधु भी बिंदु से भिन्न नहीं, बिंदुओं को छोड़कर भला सागर कहाँ?

समस्त दृश्यमान जगत्, चराचर सृष्टि, भिन्न-भिन्न रुचिवाले मनुष्य, नाना भाँति के पशु-पक्षी, वन की लहलहाती लोनी लतिकाएँ, रंग-बिरंगे फूल, निर्मल जल के शीतल मनोहर झरने, स्वच्छ सलिलवाहिनी वेगवती नदी, गगनचुंबी शैल-शिखर, घने और बीहड़ जंगलों से आच्छादित पर्वत, सघन श्याम सुहावने मेघ तथा अनंत शांत और मनोज्ञ नीलाकाश, सब-के-सब एक ही महती सत्ता के अंग-प्रत्यंग हैं।

चेतन संसार अचेतन के ऊपर निर्भर है और अचेतन चेतन पर। किंतु दोनों एक ही सत्ता के अंग हैं, और वह सत्ता इनसे भिन्न नहीं अथवा न अचेतन चेतन ही से भिन्न है। क्या अचेतन संसार, जिसकी गोद में चेतन संसार पाला-पोसा गया, और हृष्ट-पुष्ट हुआ, चेतन से भिन्न हो सकता है?

चेतन और अचेतन एक-दूसरे के सहायक हैं। यही उनकी एकता का मूल है। इन्हें प्रतिकूल कहना भूल है। दो प्रतिकूल पदार्थों में भला सहकारिता कैसी?

जड़ न तो चेतन का कर्ता है, और न चेतन जड़ का। दोनों एक-दूसरे के रूपांतर हैं। चेतन ने जब मौन-व्रत धारण किया, तब वह जड़ हो गया, और जब जड़ बोलने लगा, तब वही चेतनता को प्राप्त हो गया। जड़-चेतन में कुछ भेद नहीं था, भेद केवल धर्म का ही है। धर्म भी ऐसे नहीं, एक-दूसरे के प्रतिकूल हों। सहयोगिता ही उनका लक्षण है। एक-दूसरे की पूर्ति करते हैं। स्त्री-पुरुष की भाँति एक-दूसरे के सहायक हैं। दो होते हुए भी एक हैं। दोनों ही मिलकर सत्ता को पूर्णांग बनाते हैं।

इस सत्ता-सागर में मनुष्य की क्या स्थिति है? मनुष्य द्वारा ही जड़ और चेतन की पूरी सहकारिता प्रकट होती है। खंड में पिंड का प्रतिबंध है। मनुष्य ही सत्ता-सागर का छोटा सा चित्र है।

मनुष्य क्या इस सत्ता का अंतिम फल है? क्या इससे बढ़कर कुछ और नहीं? हाँ, अवश्य है। वह देवाधिदेव परमात्मा है। उसी के तेज से फल और वृक्ष दोनों ही पुष्टि को प्राप्त हो रहे हैं—दोनों ही उसके अंग हैं। वह स्वयं सत्ता का संचालक है। उसी के बुद्धि-बल के सहारे हमारा भी बुद्धि-बल काम करता है। हम उसी से अपना आदर्श पाते हैं। पूर्ण की सत्ता के कारण अपूर्ण के पूर्ण होने की आशा है। नहीं तो अपूर्ण में पूर्ण का भाव कहाँ से आया? पूर्ण अपूर्ण से ऊँचा, अधिक व्यापक एवं अतीत है। अतीत होकर भी वह अपूर्ण से भिन्न नहीं। कोई वस्तु उससे बाहर कहीं स्थान पा सकती है? इसी आपत्ति के कारण संसार असत् बतलाया जाता है, किंतु अपूर्ण से अपूर्ण, क्षणिक से क्षणिक नितांत असत् नहीं हो सकता। उसके विचार में तो वह अवश्य सत्ता रखता है। स्वप्न और काल्पनिक वस्तु भी मानसिक सत्ता रखती है। यदि मन असत् है, तो उसके साथ चित्त और बुद्धि भी असत् है, और फिर सत् भी असत् हो जाएगा। ईश्वर की कोई भी वस्तु असत् नहीं, क्योंकि उससे कुछ भी बाहर नहीं। प्रत्येक वस्तु अपना विशेष स्थान रखती है। व्यापक दृष्टि से सबका उचित स्थान प्रकट हो जाता है। मनुष्य का एक अपूर्ण स्थान है।

मनुष्य में जड़ और चेतन की एकता है। वह अपूर्ण है, अतः पूर्णता की

ओर दौड़ रहा है। उसी में पूर्णता की झलक मिलती है। उसी के अस्तित्व से जड़ की जड़ता और चेतन को चेतनता का आभास होता है। मनुष्य के ज्ञान से ही इस बात का अनुमान होता है कि यह विचित्र संसार प्रत्यक्ष-मात्र से सीमाबद्ध नहीं, वरन् इसके आगे भी कुछ है।

मनुष्य की आशाएँ और उच्च्च आदर्श उसे परिमित की ओर से अपरिमित की ओर मोड़ ले जाते हैं। इन्हीं के द्वारा हमें दीवार के उस पार की झलक मिलती है।

यदि हम पीछे की ओर देखते हैं, तो सहस्त्रों वर्षों की संचित संपत्ति हमारे लिए प्रस्तुत है; केवल उठा लेने भर की देर है। यदि आगे की ओर दृष्टि डालते हैं, तो अनेकानेक संभावनाएँ हमारे लिए विद्यमान हैं। अपने शरीर द्वारा सारे जड़-जगत् से हमारा संबंध है। हमारे ज्ञान और आदर्शों द्वारा पूर्ण अखंड परमात्मा से हमारा योग है। इस संसार से हमारी स्थिति अपूर्व है। समूची चराचर सृष्टि में सर्वापेक्षी पूज्यतम जो सत्ताएँ हैं, उनसे हमारा संबंध है। प्रकृति हमारी माता है, परम पुरुष हमारा पिता है, फिर निराशा क्यों?

□

समष्टि-व्यष्टि

मैं तुमसे हूँ एक, एक है जैसे रश्मि-प्रकाश;
मैं तुमसे हूँ भिन्न, ज्यों घन से तड़ित-विलास।

—महादेवी वर्मा

क्या मैं और यह साक्षात् दृष्टिगोचर संसार एक ही हैं ? क्या मैं और मेरा पड़ोसी दो व्यक्ति नहीं ? उसका धन मेरे लिए वर्जित है और मेरा धन भी उसे प्राप्त नहीं हो सकता। मेरे और उसके विचारों में भेद है, हम दोनों का अनुभव एक नहीं हो सकता। क्या फिर भी हम और वह एक हैं ?

हम और यह दृश्यमान जगत् एक नहीं हो सकते। क्यों ? क्या इस संसार में हमारा पालन-पोषण नहीं हुआ ? क्या इस संसार की पृथ्वी से उत्पन्न अन्न हमारे शरीर को पुष्ट नहीं बनाता ? हम केवल शरीरी नहीं, ज्ञान-स्वरूप हैं। बिना ज्ञेय के ज्ञान ही किस प्रकार हो सकता है। भला बिना कार्य के कर्ता कहाँ ?

समूचे संसार की बात जाने दीजिए, हम और हमारे पड़ोसी एक नहीं हो सकते। हमारे शरीर और हमारे विचार भिन्न-भिन्न हैं।

क्या मेरा व्यक्तित्व मेरे शरीर ही में है ? नहीं, मेरा शरीर पंचभूतों से पृथक् नहीं। क्या मेरा शरीर मेरे माता-पिता के रजवीर्य से उत्पन्न नहीं हुआ ? उनका भी शरीर आकाश से नहीं आया, उसकी भी उत्पत्ति इसी प्रकार हुई थी। इस शृंखला में पड़कर मेरे शरीर का व्यक्तित्व कहाँ रहा ? मेरे पड़ोसी के भी शरीर का व्यक्तित्व कहाँ ? क्या पीछे हटते-हटते हम दोनों के शरीर

एक ही मूल शृंखला में बद्ध न हो जाएँगे? क्या कोई आदिपुरुष हमारे शरीर को उत्पन्न करनेवाला नहीं?

क्या हमारे विचारों की भिन्नता हमारे पार्थक्य का कारण है? क्या हमारे विचारों का एक कोई मूल कारण नहीं? क्या मेरे विचार मेरे ही हैं? क्या मैंने अपने विचारों को अपने समाज से नहीं पाया है? क्या हमें और हमारे पड़ोसी को एक ही प्रकृति की पाठशाला में शिक्षा नहीं मिली है? क्या हमारी और हमारे पड़ोसी की भाषा एक नहीं? यदि हम दोनों मनुष्य-समाज से बाहर अलग-अलग रख दिए जाते, तो हमारे विचार कहाँ से आते?

फिर क्या भेद की स्थिति संसार में नहीं? भेद क्या भ्रम है? नहीं। यदि भेद भ्रम है, तो यह संसार नीरस है। ऐसा कहने से इसकी स्थिति ही असंभव हो जाएगी। भेद के बिना एकता ही भ्रम है। भेद नहीं तो भला एकता का ज्ञान होना किस प्रकार संभव है?

भेद ही द्वारा ब्रह्म भी अपनी वास्तविक सत्ता प्रकट करता है। एकोऽहं बहुस्याम्। यही नियम सारी सृष्टि में वर्तमान है। एक से अनेक और अनेक होकर भी एक होना, यही उन्नति का मूल-मंत्र है।

भला एक की अनेकता किस प्रकार? और अनेक होकर भी उनकी एकता कहाँ? सारी सृष्टि का क्रम एक की अनेकता ही से चलता रहता है। एकोऽहं बहुस्याम् यह संकल्प प्रतिक्षण दुहराया जाता है। विचार में पार्थक्य होना कठिन नहीं। पार्थक्य कहीं बाहर से नहीं आता। क्या स्वप्न में एक ही व्यक्ति ज्ञाता, ज्ञान और ज्ञेय में विभक्त नहीं हो जाता? क्या मेरे दो अहंकार नहीं हो जाते?

अहंकार ही भेद का मूल है, किंतु यह मुझसे बाहर नहीं। इसी भेद के कारण ज्ञान और विचारों में भेद हो जाता है। इस भेद का अंत नहीं। शाखा-प्रशाखाएँ बढ़ती जाती हैं। विभागों के भी विभाग होते जाते हैं, किंतु प्रत्येक विभाग में पूर्णता की झलक बनी रहती है। इसी में भागों के एकत्व की आशा है। भाग जब तक अपने को पूर्ण के साथ संबद्ध नहीं देखता, तभी तक वह भाग है—यही तो माया है। परिमितता ही को माया कहते हैं। भाग जब पूर्ण

के साथ अपना घनिष्ठ संबंध देख लेता है, तब संपूर्ण हो जाता है। यह संबंध क्रिया ही में प्रत्यक्ष होता है। पूर्ण का भाग भी पूर्ण होता है।

भेद और अहंकार संसार की स्थिति के लिए आवश्यक हैं। भेद ही संसार को सरस बनाता है। भेद से क्रिया की उत्पत्ति होती है। क्रिया में भेद की वृद्धि और क्षय दोनों ही के मूल हैं। अहंकार जब भेद की यथोचित सीमा का उल्लंघन कर जाता है, तभी निंदनीय कहलाता है। अहंकार रखते हुए भी हम अपने को पूर्ण से संबद्ध देख सकते हैं। व्यक्ति होते हुए भी हम और-और व्यक्तियों से मेल कर सकते हैं—यही व्यक्ति और समष्टि की एकता है, यही बिंदु का समुद्र हो जाना है। हम अपने व्यक्तित्व को रखते हुए भी एक महान् व्यक्ति के व्यक्तित्व में सम्मिलित रह सकते हैं। हमारे रुधिर के कीटाणु पृथक्-पृथक् होते हुए भी हमारे शरीर के व्यक्तित्व में एक हो जाते हैं। हमारे भिन्न-भिन्न विचार हमारे अहंकार के व्यक्तित्व के अंतर्गत हैं। व्यष्टि रूप से भिन्न-भिन्न होते हुए भी समष्टि रूप से हम सब एक हैं। बिना समष्टि के व्यष्टि का अस्तित्व संभव नहीं, और व्यष्टि से बाहर समष्टि कोई पदार्थ नहीं। समष्टि व्यष्टि के समूह से अवश्य अधिक है, क्योंकि समुद्र की तरंग होती है, तरंग का समुद्र नहीं, किंतु परस्पर दोनों एक-दूसरे से भिन्न नहीं। वृक्ष वन से अलग नहीं, और जो वन को वृक्षों से बाहर ढूँढ़ता है, उसे वन प्राप्त नहीं हो सकता। अनेक होते हुए भी एक है। भेद के बिना एकता नीरस है और एकता के बिना भेद असंबद्ध और शृंखला हीन है। भेद बिना एकता किसकी? भेद में ही एकता हो सकती है और एकता में ही भेद की संभावना है। हमारे भेद में ही हमारी एकता की जड़ है। फिर निराशा क्यों?

□

हमारा कर्तव्य और हमारी कठिनाइयाँ

हारिए न हि मत, बिसारिए न हरि नाम।

यह सत्ता-सागर एकरस नहीं। इसमें भेद-अभेद दोनों ही का संयोग है। यह संसार चित्र-विचित्र है, किंतु एक लक्ष्य की ओर जाने का यत्न करता है। यही इसकी एकरसता है। चित्रता ही इसका गौरव है। इस विलक्षण संसार को मनुष्य साक्षात् नेत्र-रूप होकर देखता है। देख-देखकर सुखी भी होता है और दु:खित भी।

इस सुविस्तृत सागर में एक ही प्रकार की लहरें नहीं उठतीं। कुछ लहरें प्रवाह अथवा धारा के अनुकूल हैं और कुछ प्रतिकूल भी। प्रतिकूल तरंगें स्रोत के वेग को रोक नहीं सकतीं, किंतु मंद अवश्य कर देती हैं।

हम लोग भी इन्हीं लहरों में से हैं। हम लोग लहरों पर तैरनेवाले तिनके नहीं वरन् स्वयमेव लहर ही हैं। सागर का प्रवाह निश्चित करने में हमारा भी कुछ हाथ है। भेद रहते हुए भी अनुकूलता और सामंजस्य स्थापित करना हमारा काम है। सब लहरों को प्रवाह के अनुकूल बनाकर प्रवाह की गति को निश्चित करना हमारे कर्तव्य से बाहर नहीं। यही है क्रिया द्वारा भाग की पूर्ण से एकता करना। हमारे कर्तव्य ही में हमारी क्रिया और हमारे ज्ञान की भी एकता है।

सत्ता-सागर की गति को ठीक ओर चलाने में योग देना हमारा परम पुनीत कर्तव्य है। इसके द्वारा हम अपनी तथा संसार की क्रियाओं को ईश्वर की इच्छा के अनुकूल बनाकर मर्त्यलोक को स्वर्गलोक में परिणत कर सकते हैं।

संसार में सामंजस्य स्थापित करनेवाली क्रिया की उत्पत्ति कहाँ से है? इस क्रिया का जन्म प्रेम से होता है। फिर प्रेम कहाँ से आया? समग्र संसार को शोभा-संपन्न और आत्मरूप मानने और अपनी नैसर्गिक एकता की प्रेरणा से प्रेम आविर्भूत हुआ। समस्त संसार को शोभामय मानना ही सौंदर्योपासना है। इसी से विश्व-प्रेम का जन्म है, और प्रेम ही सारी क्रियाओं की संचालक शक्ति है।

प्रेम संचालन शक्ति-संपन्न है सही, पर क्या हम इस महान् कार्य को संपादन करने में समर्थ हैं? क्या सुंदरता के साथ-साथ कुरूपता नहीं लगी हुई है? फिर सौंदर्योपासना कहाँ?

क्या हम इस संसार के प्रवाह को ठीक-ठीक रीति से चला सकते हैं? क्या हम अपूर्ण नहीं? क्या हम पाप-ताप-तप्त नहीं? क्या दुःखरूपी प्रतिबाधक शिला इस सागर-तल में नहीं? क्या हम भूल नहीं करते? क्या हमें पद-पद पर हानि का सामना नहीं करना पड़ता?

इस कर्मयोग से क्या लाभ? क्या इससे हमारी परिमितता का नाश हो जाएगा? फिर हमारा नेता कौन?

ये सारी कठिनाइयाँ ही हमारे गौरव का कारण हैं। कठिनाइयाँ ही हमारी गति को आगे बढ़ावेंगी। विशाल शिलाओं और पर्वतों से समुद्र का वेग घटता नहीं, वरन् बढ़ता ही है। कठिनाइयों के बिना विजय का सुख और सौभाग्य कहाँ? कठिनाइयों से ही हमारी शक्ति बढ़ती है, हमारा अभ्यास दृढ होता है। हम हिम्मत करेंगे, तो ईश्वर भी हमारी मदद करेगा, फिर निराशा क्यों?

□

सौंदर्योपासना

समै-समै सुंदर सबै, रूप-कुरूप न कोय।
जाकी रुचि जेती जितै, तित तेती रुचि होय॥

—बिहारी

जब गगन-चुंबी, तुषार-मंडित पर्वत-शृंगों, वर्षा-वारि विलोड़ित नदियों, सघन-श्याम मेघ-मालाओं, नवकिसलय-शोभित वृक्षों, नूतन पल्लव और कोमल कलियों से विभूषित लतिकाओं, नीलाकाश के प्रशस्त अंचल पर हीरक-खंड-तुल्य जगमगाते हुए शुभ्र नक्षत्रों और विमल सलिलवाही, कलकलनिनादी निर्झरों को देखकर हमारा मन-मयूर प्रेमोन्मत्त, पुलक-मुकुलित हो नाचने लगता है, उस समय हमें अपनी और दृश्यमान संसार की एकता का अनुभव होने लगता है। यह शोभामय दृश्यमान जगत् द्वारा हम अपने सौंदर्य के आदर्श को प्रत्यक्ष कर रहे हैं, हमसे भिन्न नहीं। यदि यह वस्तुतः हमसे पृथक् ही है, तो भला किस प्रकार हमारे चित्त को चकित और चलायमान कर सकता है?

यह सुंदर संसार जिस आदर्श का अनुगमन कर रहा है, वह आदर्श हमारे आदर्श से भिन्न नहीं। प्राकृतिक दृश्यों द्वारा समष्टि के आदर्श के साथ व्यष्टि के आदर्श की समानता दिखाई पड़ने लगती है। यह दृश्य ही ईश्वर की भाषा है। जो लोग इन दृश्यों को देखने में उदासीन रहते हैं, वे ईश्वर के माननीय वचनों का निरादर करते हैं।

सौंदर्योपासना में ही मनुष्य और दृश्यमान जगत् की एकता का सच्चा

प्रमाण मिलता है। जब हम कोकिल के कल-कूजन में, भ्रमरावलि के मधुर गुंजार में, मछली के स्वच्छ-गंभीर जल में उछलकर विद्युल्लता की सी चपलता दिखलाने में, मदोन्मत्त गजराज की मद भरी चाल में, सिंहनी की क्षीण कटि में, मृगशावक के चंचल और कातर नेत्रों में, कमल और सिरीष-पुष्पों की कोमलता में, रंभा-स्तंभों की स्निग्धता में, हिम और कर्पूर की दिव्य धवलता में, पूर्ण शरदिंदु की सुधासनी शीतलता में, आकाश की निष्कलंक नीलिमा में, उषाकालीन नवीन मेघों की मनोरम लालिमा में, राजहंसों की मंद गति में, कपोत-कपोती की क्रीड़ाकंपित ग्रीवा में, विद्रुम की अद्‌भुत अरुणाई में, फल-भार-अवनता रसाल शाखाओं की नम्रता में, करि-कलभ के कलित कर की कमनीय आकृति में त्रिविध समीर की अनूठी इठिलान और रजतमय शरच्चंद्रिका की मृदुल-मंद मुसकान में, स्त्री और पुरुषों की अलौकिक सुंदरता को आदर्श उपमान-उपमेय-रूप से स्थिर कर प्रेमास्पद वस्तु के मनोहर रूप की प्रशंसा करते हैं, उस समय हम अपनी सौंदर्योपासना में सारे संसार की एकता का परिचय देने लग जाते हैं।

सौंदर्योपासना द्वारा हम सुंदर वस्तु के अस्तित्व को सार्थक कर अपनी और समूचे संसार की एकता स्थापित करते हैं। किंतु हमें इस बात का ध्यान रखना चाहिए कि सुंदर वस्तु तभी तक सुंदर रहती है, जब तक हम उससे किसी प्रकार का लाभ उठाने की चेष्टा नहीं करते। जहाँ लाभ उठाने की चेष्टा की गई—बस सौंदर्योपासना के यत्परो नास्ति आनंद का लाभ हाथ से जाता रहा। जो लोग सौंदर्य को लोभ और संग्रह की दृष्टि से देखते हैं, उनके हाथ सौंदर्य नहीं आता, और जो सौंदर्य को निस्स्वार्थ दृष्टि से देखते हैं, उनके लिए संसार के सारे सुंदर पदार्थ सुलभ हैं। स्वामी रामतीर्थ ने क्या अच्छा कहा है—

अपने मजे के खातिर गुल छोड़ ही दिए जब,
रूए-जमीं के गुलशन मेरे ही बन गए सब।
खुद के लिए जो मुझसे दीदों की दीद छूटी,
खुद हुस्न के तमाशे मेरे ही बन गए सब।

क्या मछली पकड़नेवाले शिकारी को मछली उतनी ही सुंदर प्रतीत होती

है, जितनी एक सहृदय सौंदर्योपासक को? फूल को गाँछी से अलग कर लेने पर हमें अनुभव होता है कि उसका पहले का-सा रूप, रंग, सुगंध और सौंदर्य नहीं रहता। सुंदर वस्तु को अपनी सुंदरता स्थिर रखने में सहायता देना ही सच्ची सौंदर्योपासना है।

यह उपासना अखिल विश्वव्यापिनी है। इसमें कोई सांप्रदायिक भेद नहीं। यही सच्चा कैथोलिक[1] चर्च है। इसमें रोमन और ऐंग्लीकन का भेद नहीं।

इस महती उपासना द्वारा हम उस विश्व-सौंदर्य की झलक पा जाते हैं, जिससे संसार भर की सुंदर-सुंदर वस्तुओं को अनूठी सुंदरता मिलती है। वही सच्ची स्वर्गीय सुषमा उच्चादर्श रूप से सदा हमारे मानस-मंदिर में विराजमान रहती है। समष्टि और व्यष्टि के आदर्श का मेल हो जाता है। खोई हुई वस्तु—अपनी गाँठ से छूटी हुई अमूल्य मणि—मिल जाती है। सौंदर्योपासना द्वारा जड़-चेतन का रूपांतर दिखाई देने लगता है।

यह शोभामयी सृष्टि हमारे सुंदर स्वप्नों की वास्तविक मूर्ति बन जाती है। समष्टि-व्यष्टि का साम्य सहज ही में हो जाता है। संसार हमारे अनुकूल हो हमारी प्रसन्नता का कारण बन जाता है। हमारा कारागार ही हमारा मनोज्ञ विलास-भवन बन जाता है। फिर निराशा क्यों?

□

कुरूपता

भौंरा काला है, कुरूप है, हम हैं सुंदर मत समझो;
उस वसंत का है वह साथी, जिसके तुम कहलाते हो।

—कमलाकर

सौंदर्य की उपासना करना उचित है, यह सही; पर क्या उसी के साथ-साथ कुरूपता घृणास्पद वा निंद्य है? नहीं, सौंदर्य का अस्तित्व ही कुरूपता के ऊपर निर्भर है। सुंदर पदार्थ अपनी सुंदरता पर चाहे जितना मान करे, किंतु असुंदर पदार्थों की स्थिति में ही वह सुंदर कहलाता है। अंधों में ही काना श्रेष्ठ समझा जाता है।

कुरूपता के पक्ष में कुछ और भी कहा जा सकता है। रूपहीन वस्तु ही रूपवान् वस्तु की आधारशिला है। कीचड़ से ही कमल की उत्पत्ति है और गुलाब भी कँटीली टहनियों में खिलता है। मोती सीप से पैदा होता है। रत्न-क्षार समुद्र से निकलता है। मणि खान से निकलती है। गज-मौक्तिक हस्ती के मस्तक से निकलता है। कीट से रेशम उपजता है। शून्य नीलांबर में चंद्रोदय होता है। दुरूह पर्वतों के अंधकारमय गह्वरों में भाँति-भाँति की वनौषधियाँ विद्यमान रहती हैं। बड़े-बड़े बीहड़ जंगलों में सहज सलोने मृग-छौने रहते हैं। इसी प्रकार पुष्पों का प्रादुर्भाव वृक्षों से है और सघन, सुंदर पल्लवों से सुशोभित शाखाओं की स्थिति रूखी और मोटी-मोटी जड़ से है। मनुष्य की स्थिति वनस्पतियों पर है, और हरी-भरी लहलहाती वनस्पतियों की स्थिति जल, वायु और मिट्टी के ढेलों पर निर्भर है।

भूसी निकल जाने पर चावलों में से अंकुरित होने की शक्ति जाती रहती है।

आपके सुंदर वस्त्र, जिनसे आपकी सुंदरता बनी हुई है, कहाँ से आए? वे मिट्टी के ढेले, जिनसे कपास की उत्पत्ति हुई, क्या बड़े रूपवान थे? वह बेचारा श्रम-सहिष्णु कृषक, जिसने दिन-रात परिश्रम करके कपास के खेत को उपजाऊ और हरा-भरा बनाया, क्या आप ही की भाँति कोमल और सुकुमार था? क्या वह लोहे की चर्खी (मशीन), जिसमें कपास साफ की गई थी, और जिसके द्वारा कपास सूत में परिणत होकर सुंदर वस्त्र रचने के योग्य हुई, काले-काले कोयलों के ढेर से नहीं चलाई गई थी?

'मिल' में काम करनेवाले लोग भी सब-के-सब आप ही की भाँति सुकुमार, सुभग और सुवेशवाले न होंगे। किंतु यदि ये सब कुरूप पदार्थ न होते, तो आपके सौंदर्य की वृद्धि करनेवाले ये सब पदार्थ कहाँ से सुलभ हो पाते?

सत्ता-सागर में दोनों ही की स्थिति है। दोनों ही एक तारतम्य में बँधे हुए हैं। दोनों ही एक-दूसरे में परिणत होते रहते हैं। फिर कुरूपता घृणा का विषय क्यों?

रूपहीन वस्तु से तभी तक घृणा रहती है, जब तक हम अपनी आत्मा को संकुचित बनाए रखते हैं। सुंदर वस्तु को भी हम इसी कारण सुंदर कहते हैं कि उसमें हम अपने आदर्शों की झलक देखते हैं।

आत्मा के सुविस्तृत और असौंदार्य-पूर्ण हो जाने पर सुंदर और असुंदर दोनों ही समान प्रिय बन जाते हैं। कोई माता अपने पुत्र को कुरूप नहीं कहती। इसका यही कारण है कि वह अपने पुत्र में अपने आपको ही देखती है। जब हम सारे संसार में अपने ही आपको देखेंगे, तब हमें कुरूप भी रूपवान् दिखाई देगा। यदि ऐसा न भी हो तो कोई विस्मय नहीं, पर रूपहीन वस्तु से घृणा तो अवश्य ही जाती रहेगी। मानव-शरीर के ही अंग-प्रत्यंग एक समान सुंदर नहीं होते। फिर शरीर का ही सौंदर्य, सौंदर्य का अंतिम परिणाम नहीं, आत्मा का सौंदर्य भी गणनीय है। परिश्रम करनेवालों के श्रम-कण नायक-नायिकाओं के सात्त्विक भावजन्य श्रम-कणों से अधिक सुंदर होते हैं। वे

उनकी ईमानदारी और श्रम-सहिष्णुताजन्य आंतरिक सौंदर्य के परिचायक होते हैं। किसान के फटे-मैले वस्त्रों में उसकी कर्तव्यपरायणता, उदारता और कर्मवीरता का सौंदर्य झलकता है।

रूप-हीन पदार्थ निरादर का विषय नहीं—तिरस्कार का पात्र नहीं। वह भी उसी सुविशाल सत्ता-सागर का एक कण है, जिसका सुंदर पदार्थ है। रूपवानों का उदय भी कुरूप पदार्थों से ही होता है। मिट्टी और खाद के कण सुंदर-सुरभित सुमनों में परिणत होते रहते हैं। अतिशय कर्कश, टेढ़े और रूखे पत्थरों से ही मनोमुग्ध ग्राहिणी एवं दृष्टयुन्मेषिणी मूर्तियाँ रची जाती हैं। जो वस्तु आज कुरूप है, वही कल रूपवान बन जाएगी। फिर निराशा क्यों?

□

विश्व-प्रेम और विश्व-सेवा

वास उसी में है विभुवर का, है बस सच्चा साधु वही,
जिसने दुखियों को अपनाया, बढ़कर उनकी बाँह गही।
आत्म स्थिति जानी उसने ही, पर-हित जिसने व्यथा सही;
पर-हितार्थ जिनका वैभव है, है उनसे यह धन्य मही।

—मैथिलीशरण गुप्त

जी से प्यारा जगत-हित औ' लोक-सेवा जिसे है,
प्यारी! सच्चा अवनितल में आत्मत्यागी वही है।

—प्रिय-प्रवास

संसार के मनुष्य, पशु, पक्षी, कीट, पतंग इत्यादि सभी प्राणी स्वहित-साधन में तत्पर रहते हैं। अपने पर प्रेम करना किसी से सीखना नहीं पड़ता। अपने लिए सब-के-सब उदार ही हैं। हाँ, यह ठीक है कि मनुष्य स्वभाव से ही अपने ऊपर प्रेम करता है, किंतु ऐसे लोगों की संख्या बहुत थोड़ी है, जो अपने अतिरिक्त और किसी व्यक्ति को प्यार न करते हों। मनुष्य अपने हित-चिंतन के साथ दूसरे का भी हित-चिंतन कर ही लेता है।

क्रूरातिक्रूर मनुष्य के हृदय-क्षेत्र से दया के कोमल बीज समूल नष्ट नहीं हो जाते। कभी-कभी समय पाकर वे अंकुरित हो आते हैं। निष्ठुर व्याध दिन भर भीषण हत्याकांड में प्रवृत्त रहता है—किसलिए? अपने और अपने बाल-बच्चों के भरण-पोषण के निमित्त। अपने प्यारे बच्चों के लिए तो निष्करुण

व्याध का भी हृदय अत्यंत कोमल हो जाता है। ऐसे-ऐसे नर-पिशाच, जिनका हृदय कभी किसी के लिए दयार्द्र और प्रेम-प्लावित नहीं हुआ, शुष्क वैज्ञानिक अथवा अर्थशास्त्र-विशारद पंडितों के विभीषिकापूर्ण मस्तिष्क में घुसते हों, तो हों, किंतु इस प्रत्यक्ष दृश्यमान जगत् में तो वस्तुतः कहीं ऐसे पामर-पतित नहीं दिखाई पड़ते।

भयंकर बाघ भी बाघनी पर आसक्त हो उसके लिए अपनी भारी भयंकरता भूल जाता है। कालरूप सर्प अपनी प्यारी नागिन के लिए अपनी दुर्दमनीय विषैली शक्ति भूलकर कोमल कलेवर धारण कर लेता है। ऐसा कोई नहीं, जो किसी-न-किसी काल में अपना व्यक्तित्व न छोड़ता हो। जहाँ व्यक्तित्व गया, वहीं प्रेम की विजय-ध्वनि हुई। सभी विश्वव्यापी पवित्र प्रेम के अधीन हैं।

प्रेमदेव के वशीभूत होने पर फिर व्यक्तित्व कहाँ? प्रेम के प्रज्वलित, पुनीत पावक में पार्थक्य का नाश हो जाता है। जहाँ प्रेम है, वहीं व्यक्तित्व का नाश है। प्रेम में ही आत्मा के केंद्र का विस्तार दिखाई पड़ता है।

जहाँ एक बार व्यक्तित्व का त्याग हुआ, बस फिर कोई सीमा बाँधना वृथा है। जब अपने व्यक्तित्व का नाश हो गया, तब सारे भेद भी उसी के साथ छिन्न-भिन्न हो गए।

प्रेम का अर्थ ही है—व्यक्तित्व का परित्याग। फिर जहाँ यह ज्ञान हो कि सब स्थानों में एक ही पवित्रात्मा का प्रकाश अथवा विकास है, वहाँ प्रेम रुके हुए जल-स्रोत की भाँति सारे बंधनों को तोड़-फोड़कर चारों ओर फैलने लगता है। प्रेम का शुद्ध स्रोत अथाह है। प्रेम की स्वाभाविक वृद्धि विश्व-प्रेम द्वारा संभव है। भौतिक पदार्थों की भाँति प्रेम की परिमिति नहीं। व्यापकता के साथ इसकी तीव्रता घटती नहीं, वरन् उत्तरोत्तर बढ़ती ही जाती है।

विश्व-प्रेम उन्हीं के लिए कठिन एवं दुस्साध्य है, जो अपनी आत्मा को पंचमहाभूतों का ही गुण मानते हैं। प्रकृतिवाद व्यक्तित्व से बाहर नहीं जा सकता। किंतु प्रकृतिवादी ही व्यक्तित्व से बाहर जाने का यत्न किया करते हैं। वे भी परहित-साधन के पक्षपाती हैं। प्रकृतिवादियों की आत्मा हमारी आत्मा से भिन्न नहीं। जब विस्तार ही आत्मा का गुण है, तब फिर आत्मा के

विस्तार को कौन रोक सकता है? जादू वही है, जो सिर पर चढ़कर बोले।

क्या हमें प्रतिक्षण इस बात के प्रमाण नहीं मिलते कि हम इस क्षुद्र शरीर में संकुचित नहीं? हमारे आदर्श हमें अपनी परिमितता से बाहर ले जाते हैं। हमारी देह और इंद्रियाँ एकदेशीय हों, तो हों, पर हमारी आत्मा में एकदेशीयता का लेश भी नहीं।

आत्मा का विस्तार जितना बढ़ाओ, उतना ही बढ़ता जाता है। जैसे-जैसे हमारी औदार्यमयी सहृदयता की मात्रा बढ़ती जाती है, वैसे-ही-वैसे हमारी आत्मा का वृत्त भी बढ़ता जाता है। साधारण मनुष्य के लिए उसका घर ही उसकी आत्मा है। जाति-सुधारक के लिए जाति और राष्ट्र-निर्माता के लिए राष्ट्र ही उसकी आत्मा है। देशानुरागी की आत्मा निज परिवार, कुटुंब और जाति में ही संकुचित नहीं रहती। उसकी स्वार्थ-सिद्धि तो देश के परम कल्याण में है। देश का ऐश्वर्य उसका ऐश्वर्य है। जिस बात से देश का मुख कलंकित हो, उसी बात से उसे भी दारुण दुःख होता है। जिससे देश का मुख उज्ज्वल हो, लांछन छुट जाए, मस्तक उन्नत हो, वही उस देशभक्त के परमानंद का प्रधान कारण होता है। मनुष्य-मात्र की हित-कामना करनेवाले का आत्मविस्तार देश-हितैषी की आत्मा के विस्तार से भी बृहत् है। फिर प्राणिमात्र से अविरल प्रेम करनेवाले महापुरुष की आत्मा का तो कहना ही क्या। वह तो समष्टि की आत्मा से एक हो जाती है। केंद्रीभूत आत्मा के वृत्त का विस्तार जितना ही बढ़ता चला जाए, उतनी ही अधिक आनंदामृत की वृष्टि होगी—यह मिट्टी की काया कंचन की हो जाएगी—इसी धरती पर स्वर्ग उतर आवेगा।

आत्मा का विस्तार केवल इस बात को जान लेने से नहीं बढ़ता कि हम सब एक ही हैं। यह ज्ञान विश्व-प्रेम और विश्व-सेवा के लिए परमावश्यक है, किंतु इसका प्रत्यक्षीकरण अथवा स्पष्टीकरण बिना प्रेम और सेवा के नहीं होता।

विश्व-प्रेम और विश्व-सेवा द्वारा ही व्यक्तित्व का जटिल बंधन छूट सकता है। सेवा द्वारा ही अपनी आत्मा का पूर्ण विस्तार जाना जा सकता है। विश्व-प्रेम से ही समष्टि-व्यष्टि का एकीकरण हो सकता है। विश्व-सेवा

द्वारा ही आत्मा का साक्षात्कार हो सकता है। प्रेम और सेवा द्वारा व्यक्ति की परिमितता जाती रहती है। संकोच का अकुंचित विस्तार हो जाता है—संकीर्णता के स्थान में प्रशस्तता का राज्य हो जाता है। सत्सेवा के सहारे हम सच्चे विजयी बन सकते हैं—सारे संसार को अपना बना सकते हैं—कलियुग को कृतयुग में पलट सकते हैं। फिर निराशा क्यों?

□

अपूर्ण की पूर्णता

सच है, कण का पार न पाया, बन बिगड़े असंख्य संसार,
पर न समझना देव! हमारी लघुता है जीवन की हार।
चिर तृप्ति वासनाओं का कर जाती निष्फल जीवन;
बुझते ही प्यास हमारी पल में विरक्ति बन जाती।

—महादेवी वर्मा

मनुष्य अपूर्ण है, क्या यह उसके लिए लज्जा, अपमान और निराशा का विषय है ? क्या मनुष्य परिमित है ? और क्या परिमितता दोषों की गणना में आने योग्य है ? मनुष्य कैसे परिमित हो सकता है ? यदि मनुष्य परिमित है, तो अखिल विश्व में कोई अपरिमित वस्तु नहीं। कारण, परिमित परिमित ही से परिमित हो सकता है। माना कि मनुष्य परिमित है, अत: अपूर्ण भी है, तो क्या अपूर्णता में कोई विशेषता नहीं ? हमारी अपूर्णता ही हमारी विशेषता है। इसी का हमें गर्व है—इसी में हमारा गौरव है। अपूर्णता ही में पूर्ण वृद्धि और उन्नति की आशा है। बद्ध होने पर ही मोक्ष होता है। अपूर्णता ही जीती-जागती वस्तु है।

अपूर्ण की संभावनाएँ अपरिमित हैं। वे चाहे जो कुछ हो सकती हैं। अपूर्ण की अपरिमित संभावनाओं में उसकी पूर्णता है। अपूर्ण होकर भी जो अपने को सत्कर्म-सद्धर्म-परायण बनाते हैं, उन्हीं का समुचित सम्मान किया जाता है। इसी कारण मनुष्य-योनि को सर्वश्रेष्ठ कहा है। उसकी अपूर्णता ही से सत्कर्मों का मूल्य बढ़ जाता है। वह सहज ही में परमगति प्राप्त कर लेता

है। इसी कारण देवता भी नर-शरीर धारण करने के लिए लालायित रहा करते हैं। औरों का तो कहना ही क्या, स्वयं परमात्मा भी अपूर्ण का महत्त्व बढ़ाने के अर्थ संसार में अवतीर्ण होते रहते हैं। भगवन् अपनी नर-लीलाओं द्वारा अपूर्ण की अमित संभावनाओं को संसार पर प्रकट करते रहते हैं। पूर्ण का व्यंजन अपूर्ण द्वारा ही हो सकता है। अपूर्ण ही पूर्ण की भाषा है। कालातीत काल में प्रकट हो काल को वास्तविक सत्ता देना है।

अपूर्ण पूर्ण का ही रूपांतर है। अपूर्णता में ही पूर्ण की नित्य नूतन मूर्तियाँ दिखाई पड़ती हैं। अपूर्ण अपूर्ण नहीं, वरन् पूर्ण का ही चलता हुआ रूप है।

शुक्ल पक्ष की द्वितीया का चंद्रमा अपूर्ण है। उसकी सब वंदना करते हैं। इसका क्या कारण है? उसकी अपूर्णता ही उसके जगद्वंदनीय होने का हेतु है। अपूर्णता में उत्तरोत्तर वर्द्धमान होने की संभावना है। यह संभावना ही अपूर्ण के गौरव को बढ़ाती है। इस गरिमा-पूर्ण अपूर्णता को प्राप्त कर हमें अपना जीवन धन्य समझना चाहिए। यद्यपि इस जीवन में सुख-दुःख, सफलता-असफलता, लाभ-हानि, संयोग-वियोग के जोड़े लगे हुए हैं, तथापि यह उन्नत्युन्मुख होने के कारण सब जीवनों से श्रेष्ठ है। हमारी अपूर्णता में स्थिरता का दोष नहीं। हमारे उन्नति-पथ का ओर-छोर नहीं। इसमें सदा नवीन दृश्य दिखाई पड़ते रहते हैं। इस कारण इस पथ की अनंतता हमारे उत्साह को घटानेवाली नहीं। हमारे अपूर्ण चंद्र के लिए कभी पूर्णिमा नहीं आती, और न इसे निष्क्रियता का राहु ही ग्रस सकता है। हमारे लिए सदा वर्द्धमान शुक्ल पक्ष है। फिर निराशा क्यों?

□

पुनीत पापी

जो सहि दुःख पर-छिद्र दुरावा।
वंदनीय तेहि जग यश पावा॥

—तुलसीदास

क्या हम पापी नहीं? फिर हमसे दूसरे की भलाई होने की क्या संभावना? हम किस प्रकार सत्ता-सागर की गति सीधी करने में योग दे सकते हैं?

वेद, शास्त्र, पुराण, स्मृति आदि सभी मुक्त कंठ से जघन्य पापों से बचने की आज्ञा देते हैं, किंतु पापी को त्याज्य नहीं बताते। कौन ऐसा है, जो पापी नहीं? जब सभी लोग पाप-पंक में फँसे हुए हैं, तो कौन किससे घृणा कर सकता है? कौन किसका परित्याग कर सकता है?

एक-दूसरे को घृणा की दृष्टि से देखकर हम इस भयंकर पाप-पंक से बाहर नहीं निकल सकते। घृणा करने से हमारी शक्ति कम होगी। एक-दूसरे के साथ सहृदयता में ही हमारे पाप-पंक से मुक्त होने की संभावना है।

हम पापी हैं, हमें पापियों को नीच न समझना चाहिए। जब हम पाप के तीव्रतम ताप से तप्त होते हुए भी उससे विमुख नहीं होते, तब हमें पापियों से मुख मोड़ने का क्या अधिकार? ऐसा कौन सा पाप है, जो हम नहीं कर सकते, फिर हम पापियों से अपने को किस आधार पर अच्छा समझें? क्या हममें कोई दुर्बलता नहीं? जब हम अपनी दुर्बलता पर दूसरों को हँसते हुए देखना पसंद नहीं करते, तो दूसरों की दुर्बलता पर क्यों हँसें?

पापी लोग उनकी अपेक्षा अच्छे हैं, जो अपने को पूर्ण समझते हैं। ऐसे लोग अपनी उन्नति का द्वार सदा के लिए बंद कर चुके हैं। उनके जीवन-नाटक के अभिनय में अंतिम बार यवनिका-पतन हो चुका है। अब उस नाट्यशाला के रंगमंच पर कोई मनोज्ञ दृश्य न दिखाए जाएँगे। उनकी शिक्षा शेष हो चुकी। वे अपना समावर्तन-संस्कार करा चुके। वे अब पीछे ही हटेंगे, आगे न बढ़ेंगे। न तो वे अपना सुधार कर सकते हैं और न उनसे दूसरे के सुधार की आशा है। वे लोग हमारे नेता नहीं बन सकते। हमारा नेता हमसे बाहर नहीं हो सकता।

हम पापी लोग समाज के गौरव हैं। मनुष्य ही एक ऐसा जीवधारी है, जो पाप कर सकता है। पशु-समुदाय न पाप करता है न पुण्य। देवगण केवल पुण्य-ही-पुण्य करते हैं। हम लोग पाप और पुण्य दोनों ही करते हैं। पाप करने की संभावना होते हुए पुण्य करना ही मनुष्य-श्रेष्ठता का कारण है।

मानव-समाज में पापियों की स्थिति मनुष्य की महती स्वतंत्रता की सूचक है। मनुष्यों ने अपनी स्वतंत्रता का दुरुपयोग अवश्य किया, पर यदि दुरुपयोग की संभावना न होती तो सदुपयोग ही से क्या लाभ होता, और फिर हमारी स्वतंत्रता किस बात की? जिस बात की संभावना है, उसका होना भी कोई आश्चर्य नहीं। घुड़सवार ही गिरते हैं, घुटनों के बल चलनेवाले बच्चे क्या गिरेंगे? मनुष्य ही पाप करते हैं, पशु-पक्षी, कीट-पतंग, नदी-पर्वत, वृक्ष-लता, ईंट-पत्थर आदि भला क्या पाप करेंगे?

वे लोग, जो अपने को पापी समझते और इस कारण दूसरे के साथ सदा नम्र भाव बरतते हैं, अहम्मन्य पुण्यात्माओं से कहीं अच्छे हैं। उनका दर्शन परम पुनीत है। उन्हें देखते ही हमारे हृदय में मनुष्यत्व के सद्भावों का अभ्युदय होता है।

जो लोग अपने को पापी समझते हैं, उन्हीं से समाज के सुधार की पूरी-पूरी आशा है। वे ही लोग पापियों से मिलकर पापियों के पुनरुत्थान में साहाय्य दे सकेंगे। पाप के दलदल से निकलना एक व्यक्ति का काम नहीं, इसमें सहकारिता की आवश्यकता है। ऊपर की चढ़ाई कठिन है। सबको साथ लेकर चलना ही श्रेयस्कर है।

हम गिर गए हैं। यह हमारे लिए कोई निराशा का विषय नहीं। गिरकर अधीर हो पड़े रहना लज्जा का विषय अवश्य है, किंतु न गिरनेवाले से गिरकर उठनेवाला ही श्रेष्ठ है। वह एक बार गिर चुका है—जीवन-यात्रा के पथ को दुर्गम बनानेवाले गहरे गड्ढों और बड़ी-बड़ी खाइयों को पहचान चुका है—अतएव सँभलकर सावधानी से चलेगा।

हमारा पिछला जीवन बुरा है, यह हमारे भय का कारण नहीं। यदि हम अगले जीवन को सुधार सकते हैं, तो हमारा सारा जीवन सुधर जाएगा। गया वक्त भी फिर हाथ आ जाएगा।

हमारा जीवन बन रहा है। अभी सुधार का सुअवसर मिला है। अपनी भूल को भूल मानने में अभी बहुत देर नहीं हुई। यदि हम गिरकर उठेंगे, सँभलेंगे सुधरेंगे, तो हमारा सुधार चिरस्थायी होगा। हमारे अनेक साथी हैं। यदि उन्हें हम अपने साथ ले चलने की कोशिश करेंगे, तो दुर्गम मार्ग भी सुगम बन जाएगा—मार्गस्थ सभी विघ्न-बाधाएँ टल जाएँगी, हम उनके साथ सुखपूर्वक चले चलेंगे, और वे हमारे साथ अग्रसर होते जाएँगे। हमारी सहायता करने में वे हाथ बटावेंगे और उनकी सहायता करने में हम तन, मन और धन समर्पण करेंगे। हमारा दुर्गम पथ सुगम हो जाएगा। फिर निराशा क्यों ?

□

स्वयंभू सुधारकों का सुधार

पर-उपदेश कुशल बहुतेरे।
जे आचरहिं ते नर न घनेरे॥

—तुलसीदास

हम दरिद्र हैं। हम घृणित हैं। हम पद-दलित हैं। हम दूसरों की दया के भूखे रहते हैं। सब लोग हमसे बातचीत करना पुण्य का काम समझते हैं। हमारे सुधार के लिए सभा-सोसाइटी करते हैं। हम किसका सुधार कर सकते हैं?

सुधार किसका? अपना और अपने सुधारकों का। हम गिरे हुए हैं। हम अपने सुधारकों से कैसे बढ़ सकते हैं। क्या हमारे सुधारकों में भी सुधार की आवश्यकता है? हाँ, हमारे सुधारक हमसे गिरे हुए हैं। वे समझते हैं, वे ही बड़े विचारवान हैं। वे समाचार-पत्रों को पढ़ते हैं, क्लब में बैठकर योरोपियन भीषण संग्राम और अमेरिका के अंतरजातीय व्यवसाय पर सम्मति दे सकते हैं और प्राप्त सम्मतियों का समर्थन भी कर सकते हैं। वे सात समुद्र पार की बात जानते हैं, किंतु उन्हें यह नहीं मालूम कि उनके नौकर के घर में कितने बच्चे हैं, और वे किस प्रकार अपना जीवन-निर्वाह कर रहे हैं। वे योरोपियन महायुद्ध की रोमांचकारी घटनाएँ सुनते हैं, किंतु एक भूखे, कंगाल के साथ दारिद्र्य-दैत्य का घोर युद्ध होने की हृदयद्रावी बात सुनने में उन्हें सिरदर्द हो जाता है।

हमारे सुधारक स्वतंत्रता की डींग मारते हैं, किंतु उनमें से बहुतेरे

सामाजिक जटिल बंधनों से बाहर होने में सर्वथा असमर्थ हैं। गरमी बरदाश्त करेंगे, परंतु कपड़े नहीं उतार सकते। नौकर नंगा फिरेगा, आप कपड़े पहनेंगे। भूखे दुखियों को खिलाने के लिए तो नितांत निर्धन बन जाएँगे, पर क्लब और पार्टी में खाने-खिलाने के समय कुबेर के बड़े भाई बन जाते हैं। अपनी स्वार्थसिद्धि के हेतु नौकरों से झूठ बुलवाना अथवा अन्याय और कुनीतिपूर्ण बातें कहलाना अत्यंत साधारण बात समझते हैं, और जब वह नौकर अपने लिए झूठ तथा दुर्नीति के वाक्य बोलता है, तब दंड देने में तनिक भी संकोच नहीं करते।

समाज-सुधारक बनते हैं, किंतु एक नीच मनुष्य से बाजार में यह नहीं पूछ सकते कि 'भाई! आपके घर कुशल-मंगल तो है?' पुण्यात्मा बनते हैं, किंतु पापी से हृदय-शून्य व्यवहार करने में लज्जित नहीं होते। जाति-पाँति का भेद नहीं मानते, किंतु धोबी, धीवर और धानुक से अपशब्द कहे बिना मुख नहीं खोलते।

अर्थशास्त्र के पंडित बनते हैं, किंतु कभी खेतों में जाकर नहीं देखते कि किस तरह के कठिन परिश्रम से अर्थ पैदा होता है। पूँजीवाले बनते हैं, किंतु असली पूँजी बनानेवाले का सलाम तक नहीं लेते।

अँगरेजी फिलॉसफी और भारतीय दर्शनों का मनन-मंथन करके विविध भाँति के अनुसंधान करते हैं, किंतु एक निपट दरिद्र के शुद्ध अगाध हृदय में बैठकर वहाँ बिखरे हुए मोती नहीं उठाते—उस वित्त-विकम्-विगत हृदय में बैठकर खोज नहीं करते। दर्शनशास्त्र का पाठ करते हैं, पर संसार के नश्वर पदार्थों में अविनाशी परमात्मा का दिव्य-दर्शन नहीं करना चाहते। और यदि संसार को नश्वर एवं मिथ्या ही समझते हैं, तो परहित हेतु अपना स्वार्थ समर्पण नहीं कर सकते। नाखून के अग्रभाग से अधिक बलिदान नहीं कर सकते। सिर कटाना तो दूर रहा, सिर के काटने में भी संकोच करते हैं।

साहित्य-सुधारक कहलाने के गौरव से गर्वित हैं, पर किसी मनुष्य के साथ मधुर-मंजुल संभाषण करके उसके कलुषित हृदय में घिरी हुई भीमांधकार की घटा हटाकर उसमें उत्साह और विवेक की विमलज्योति जगाना नहीं

जानते। शायद वे स्वयं अपने हृदय को भी प्रेम-प्रदीप से आलोकित करने का प्रयत्न नहीं करते। बड़े भारी रत्न-परीक्षक बनते हैं, किंतु जीते-जागते, जगमगाते हुए रत्नों का दिन-रात तिरस्कार करते रहते हैं। स्वतंत्रता की दुहाई देंगे, किंतु स्वयं अपनी वासनाओं के दास बने रहेंगे। स्वयं आदर चाहेंगे, किंतु दूसरों का आदर न करेंगे। अहो, इन बड़ों की क्षुद्रता! अहो, धिग्वैषम्यं लोकव्यवहारस्य!! क्या हम इनसे अच्छे बन सकते हैं ? अवश्य। हममें क्या विशेष गुण है ? हमें दुःख और निर्धनता की पुनीत पाठशाला में श्रमशीलता, स्नेह और सहृदयता की शिक्षा मिल चुकी है। अब हमें जो कुछ शिक्षा मिलेगी, उसे हमारी पूर्वार्जित शिक्षा पावन बना देगी। हम दुखियों का दुखड़ा समझेंगे। कभी किसी को नीच न समझेंगे।

हमें अपने सुधार के लिए विशेष धन की दरकार नहीं। हमें नवीन पद्धति की शिक्षा के लिए भव्य भवनों तथा बिजली के पंखों की आवश्यकता नहीं। हमें तो जमीन ही पर बैठने का शौक है। पेड़ की डालियों से समता करनेवाली टेढ़ी-सीधी कुरसियों की आवश्यकता नहीं। हमारे वास्ते बिजली की चमकीली रोशनी की भी दरकार नहीं। प्रेम की प्रदीप्त प्रभा से ही हमारे घरों में प्रकाश छा जाएगा। प्रदीप्त भवन और अंधकारमय हृदय से क्या लाभ ? हमें हाथ से काम करने में कुछ लज्जा नहीं आती। हमें सेवक की चाह नहीं। हम स्वयंसेवक बनना परम धर्म समझेंगे। 'स्वयं दासास्तपस्विनः' स्वेच्छा-सेवक बनकर अपने को गौरवान्वित समझेंगे। सत्यमय, सरल और निर्भय जीवन एवं समता-भाव और परिश्रम का गौरव स्वीकार करने में ही सुधार का मूल-सूत्र है।

हमारे सुधार से हमारे सुधारकों का भी नेत्रोन्मीलन हो जाएगा। हम अपने सुधार द्वारा सबका सुधार कर सकेंगे। हमारे सुधारक भी यदि यह शिक्षा ग्रहण कर लें, तो देश का कल्याण होने में विलंब न होगा। हम अपने सुधारकों के सुधारक बन सकते हैं। फिर निराशा क्यों ?

□

दुःख

इस दुःख में पाओगी सुख की धुँधली एक निशानी;
आहों के जलते शोलों में तुम्हें मिलेगा पानी।

—भगवतीचरण वर्मा

हाय दुःख! तुझसे अभिभूत एवं पीड़ित होकर हम लोग किस-किसको बुरा नहीं कहते, और किस-किसके शत्रु नहीं बनते। तुझसे बचने के लिए किस-किस के साथ अनर्थ और अन्याय नहीं करते। दुःख की आत्यंतिक निवृत्ति ही मनुष्य का परम पुरुषार्थ है। तुझसे दार्शनिक पंडित भी डरते हैं। तेरे अनेक रूप हैं। प्रत्येक मनुष्य के लिए तू विशेष रूप धारण कर व्यक्त होता है, किंतु तेरा स्वागत करना विरले ही जन जानते हैं। लोग पूछते हैं, तुझसे क्या लाभ? तेरा स्वागत क्यों करें? तुझमें क्या अनोखा गुण है? किंतु वे लोग इस बात से अनभिज्ञ हैं कि तू जगत् में एक महती संचालन-शक्ति है। तेरे ही साक्षात्कार से ईश्वर की अपरोक्षानुभूति होती है। तेरा स्वागत करना वीर पत्नी द्रौपदी जानती थी। वह सांत्वना देने आए हुए कृष्ण भगवान् से कहती है कि विपत्तियाँ बार-बार आवें, क्योंकि उनके कारण आपके पुनीत दर्शन होते हैं। दुःख में ही ईश्वर याद आता है। तू धन-मदांधों का ज्ञानांजन है, अतः तू जगत् का परम गुरु है। तेरी मैत्री में सांसारिक संबंध के सत्यासत्य का निर्णय हो जाता है। कहा भी है—'धीरज, धर्म, मित्र अरु नारी; आपतिकाल परखिए चारी।' इसलिए तू ही मनुष्यत्व की एकमात्र सच्ची कसौटी है। तेरी शिक्षा के प्रभाव से दया, सहिष्णुता, स्नेह, सहृदयता एवं वैराग्य आदि सद्गुणों

का आविर्भाव होता है। तू कुलिश-कर्कश हृदय को द्रवीभूत करके कोमल, कमल-सरीखा बना देता है। तेरी ही प्रेरणा से निर्दय दयालु, आसक्त विरक्त, कायर शूरवीर और अधीर धैर्यवान् बन जाता है। करुण-रसपूर्ण काव्य पढ़ने से दुःख अवश्य होता है, किंतु कोई उस दुःख से नहीं भागता। उस दुःख से जो चित्त की शुद्धि है, वह आँसुओं के मोल में सस्ती है। लोग रुपया खर्च करके भी दुःखांत नाटक में अश्रुधारा बहाना पसंद करते हैं। किस अर्थ? अपने हृदय के मानुषीय भावों की पुष्टि के लिए ही इतना कष्ट उठाया जाता है। वियोग के दुःख में ही प्रेम की पूर्ण प्रतीति होती है। वियोगी लोग संसार भर के सुख के लिए भी अपने वियोग-जन्य दुःख को नहीं छोड़ना चाहते। विरहिणी व्रजांगनाओं को वियोग-दुःख से छुड़ाने के लिए उद्धवजी योग का उपदेश देते हैं, किंतु उन्हें यही सूखा उत्तर मिलता है—'ऊधो, जोग-जोग हम नाहीं।' उन्हें वियोग में ही आनंद मिलता है। सुखवादी चाहे जो कुछ कहे, मनुष्य को दुःख से स्वाभाविक घृणा नहीं।

हे सर्वगुणशाली दुःखदेव! हम तेरे शुभागमन से किंचिन्मात्र विचलित नहीं होते। हम तुझसे डरते भी नहीं, क्योंकि तू हमारा आत्मज है। तेरे जन्म से भावी सुख की पूर्ण आशा है। दुःख की पवित्र अग्नि में हृदय-दौर्बल्य मनःक्लैव्य, राग-द्वेष, ईर्ष्या-अहंकार और क्रोध आदि विषम दुर्गुणों का दहन हो जाने पर हम तप्त कंचन की भाँति दैवी प्रभा से चमकने लगेंगे। दुःख-दावानल में दग्ध होकर विकार का बीहड़ वन भस्म हो जाएगा और हमारी विशुद्ध आत्मा अमूल्य मणि की भाँति देदीप्यमान हो जाएगी। जिससे हम भयभीत होते हैं, वही हमारा परम हितेच्छु प्रिय सखा है। दुःख ही हमारे विकास का साधक है, हमारे अभ्युदय का बलवान प्रेरक है। फिर निराशा क्यों?

□

भूल

नात्मानमवमन्येत पूर्वाभिरसमृद्धिभिः।
आमृत्योः श्रियमन्दिच्छेन्नैनां मन्येत दुर्लभाम्॥

—**मनुस्मृति** *(4/137)*

ऐ भूल! मानव-जाति से तेरा घनिष्ठ संबंध है। साधारण मनुष्य अपने छोटे-मोटे कार्यों में भूल करते हैं। महान् पुरुष भी अपने महत्कार्यों के संपादन में भूल कर बैठते हैं। भूल से कोई भी खाली नहीं। दृष्टि में भूल, सुनने में भूल, विचारने में भूल, समझने में भूल, कर्तव्य-पालन में भूल और अनेक साधारण कार्यों को संपन्न करने में भी भूल। अरी भूल! भिन्न-भिन्न रूप से तू मानव-समाज में व्याप्त हो रही है। फिर मनुष्य का गौरव कैसा!

'मनुष्य भूल करता है, अतः वह निंद्य है, नीच है, उसकी बातों का विश्वास नहीं,' ऐसा विचार करना बड़ी भूल है। केवल यही एक ऐसी भयंकर भूल है, जो अमार्जनीय है।

भूल ही मनुष्य का गौरव है। भूल भी केवल मनुष्य ही कर सकता है—मशीन या जानवर नहीं कर सकते, जिनके लिए एक मार्ग के अतिरिक्त और कोई दूसरा मार्ग ही नहीं है। मनुष्य के लिए अनेक संभावनाएँ हैं। उसका दृष्टि-क्षेत्र संकुचित नहीं। उसके लिए सहस्र-सहस्र मार्गों के द्वार उन्मुक्त हैं, एक-से-एक उत्तम मार्ग की ओर जाने की संभावना रहती है।

भूल ही से इन भिन्न-भिन्न मार्गों की यथार्थ उपयोगिता का ज्ञान होता है। भूल ही द्वारा अनिश्चित ज्ञान निश्चित होता है। भूल ही द्वारा स्वप्न भी

वास्तविक सत्ता में परिणत होता है। मनुष्य-जाति की उन्नति का विकास भूल ही के इतिहास में है। भूल ही द्वारा मानव-जाति की नई-नई संभावनाओं की सूचना मिलती है। भूल ही द्वारा बंद राहों के फाटक खुल जाते हैं। भूल अज्ञान नहीं। भूल ही असली ज्ञान की प्रथम श्रेणी है, भूल अल्पज्ञान है। हम जान-बूझकर भूल नहीं करते। अपनी जानकारी भर में सभी ठीक किया करते हैं। केवल भूल इतनी ही है कि हम थोड़े से ज्ञान के आधार पर ही काम कर बैठते हैं। किंतु बिना क्रिया के ज्ञान का परिपक्व होना कठिन है। क्रिया की कुंजी से ही ज्ञान के दुर्भेद्य रहस्य का ताला खुल जाता है। फिर भूल को हम भूल क्यों कहें ?

बिना धरती पर पैर रखे उस स्थान की दृढता नहीं मालूम होती। यदि निकल गए, तो पार हो गए, और यदि गिर पड़े या दलदल में फँस गए, तो अपने और दूसरों के लिए शिक्षा हो गई।

जो लोग भूल करके हानि उठाते हैं, वे मनुष्य समाज के लिए अपने हित का बलिदान करते हैं, और स्वार्थ को तिलांजलि देकर परहित-साधन करते हैं। वे समाज का बड़ा उपकार करते हैं। वे हमारे पूज्य हैं। हम उनके उपकार से कदापि उऋण नहीं हो सकते।

एक मनुष्य की बलि से सारे मानव-समाज का अभ्युदय होता है। भूल करनेवाले का जीवन व्यर्थ नहीं जाता। जो लोग अपनी आत्मा का विस्तार सभी आत्माओं में देखते हैं, उनके लिए परहितार्थ अपना अनहित या स्वार्थ-त्याग श्रेय है। भूल से जो संसार का लाभ होता है, उसी की ओर ध्यान दो—भूल करनेवाले व्यक्ति की हानि पर नहीं। फिर तो भूल सचमुच भूल न रहेगी। वह हानि हानि नहीं, जिसमें भावी उन्नति की संभावना हो।

जो लोग भूल करते हैं, वे मनुष्य की आवश्यकताओं का झुकाव समाज पर प्रकाशित कर देते हैं। भूल से बढ़कर मनुष्य की आवश्यकताओं का और कोई ज्ञापक नहीं। भूल करने पर ही हमें यह मालूम होता है कि हमें किस बात की खोज थी। भूल से ही खोज का महत्त्व बढ़ जाता है। भूल करने पर ही यह मालूम होता है कि हमारी आवश्यकता इतनी बढ़ी हुई थी कि

हमें उसकी पूर्ति के लिए भूल करनी पड़ी। क्या अपनी आवश्यकताओं की जानकारी रखना हमारी उन्नति का एक मुख्य साधन नहीं? जो लोग अपनी आवश्यकताओं को नहीं जानते, वे उनकी पूर्ति में यत्नवान् नहीं हो सकते।

भूल ही हमारी उन्नति का द्वार है। जो लोग भूल नहीं करते, वे अपनी उन्नति का द्वार बंद किए हुए बैठे हैं। यदि भूल करके अपनी भूल के ऊपर विचार करें, तो अपनी स्वल्प हानि से गुरुतर लाभ उठा सकते हैं; कंकड़ों के मोल में रत्न खरीद सकते हैं। फिर निराशा क्यों?

□

हमारा नेता कौन?

सहजो गुरु ऐसा मिलै, मेटै मन-संदेह।
नीच-ऊँच देखै नहीं सब पर बरसै मेह॥

—सहजो

हम पाप-पंक में फँसे हुए हैं। हमें इससे कौन उबारेगा? हमारा नायक कौन? हमारा नेता वही हो सकता है, जो हमारे साथ है। जो लोग हमारे साथ नहीं, उन्हें हमारी कठिनाइयों का यथार्थ ज्ञान नहीं हो सकता। उनके उपदेश से हमारे लाभ की कोई संभावना नहीं।

लोग कहते हैं, अंधा अंधे को राह नहीं बतला सकता। क्या यह ठीक है? नेत्रवानों और अंधों का अनुभव एक-सा नहीं। नेत्रवान् के अनुभव से अंधे लाभ नहीं उठा सकते। 'खग जानै खग ही की भाषा।' 'गजानां पक्ङ्मग्नानां गजा एव धुरन्धराः।'

जो लोग हमसे बाहर हैं, वे हमारे साथ जोर नहीं लगा सकते। ऐसे कितने हैं, जो हमसे बाहर हैं, फिर उनका बल ही कितना। हमारे उद्धार के लिए हमारे साथ रहकर जोर लगाने की जरूरत है। जो हमारे साथ नहीं, वह हमारा नेता नहीं। हमारे साथ जिसकी सहानुभूति नहीं, हमारी सहकारिता में जो योग नहीं देता, जिसके निर्मल हृदय-दर्पण में हमारे दु:ख का सच्चा प्रतिबिंब नहीं, वह कदापि हमारा उन्नायक नहीं।

हमारा सच्चा नेता वही है, जो हमारे साथ रहते हुए भी आगे की ओर निगाह डाल सकता है। आगे की ओर देखना ही उन्नति के पथ में पैर रखना है।

आगे की ओर देखते ही हमें अपनी स्थिति का ज्ञान होने लगता है। जहाँ अपनी स्थिति का ज्ञान हुआ, वहाँ फिर उस स्थिति में रहना कठिन पड़ जाता है। जो नीचों में रहकर ऊँचे आदर्श रखें, वे ही हमारे नेता हैं। संसार में ऐसे नेताओं की कमी नहीं। नेता की पदवी सबको मिल सकती है, किंतु जो लोग अपने को हमसे आगे बढ़ा हुआ समझते हैं, वे इस गौरव को नहीं प्राप्त कर सकते।

नेता बनकर अपने को नेता न समझना, यही नेतृत्व का मुख्य लक्षण है। जो लोग अपने को नेता समझते हैं, वे हम लोगों से बाहर हो जाते हैं—न वे हमारे बल से लाभ उठा सकते हैं, और न हम उनके बल से। नेता की सफलता अपने साथियों की सफलता में है। नाम नेता का होता है, पर कार्य-सिद्धि साथियों की। फिर नेताओं को अपने को साथियों से बड़ा समझने का क्या अधिकार?

नेता की श्रेष्ठता केवल इस बात में है कि वह उस आदर्श को पहले देखता है, जिसे उसके साथी पीछे देखेंगे। वह नेता सच्चा नेता नहीं, जो अपने साथियों को अपना सा नहीं बनाता। लोहे को सोना बनाना कोई दुष्कर कार्य नहीं, किंतु लोहे को पारस बना देना कठिन है।

नेता का कार्य दूसरों को उनकी संकुचित दृष्टि के कारण अंधा कहने का नहीं। वह भी कुछ काल पहले अंधा ही था। थोड़े ही दिनों बाद उसके साथी दूर का पदार्थ देखने लग जाएँगे। नेता को चाहिए कि वह अपने अनुभव को दूसरों का अनुभव बनाने का यत्न करे। लोगों के दृष्टिकोण को अपने दृष्टिकोण से मिलाना ही नेता का परम कर्तव्य है। नेताओं की कमी नहीं। प्रत्येक मानव-समाज में नेता विद्यमान हैं। उनमें केवल एक बात की आवश्यकता है कि वे अपना नेतृत्व भूल जाएँ। अपने को साधारण लोगों में से समझें। समाज में मिलकर सारे समाज को अपने नए रंग में रँग दें। ऐसा करने से मूर्ख लोग पंडित बन जाएँगे। मूक भी वाचाल हो जाएँगे। पिछड़े हुए लोग अग्रसर हो जाएँगे। साथी और नेता में कोई भेद न रहेगा। चेला भी गुरु बन जाएँगे। फिर निराशा क्यों?

□

कर्मयोग की मोक्ष

कर्म-प्रधान विश्व करि राखा।

—तुलसीदास

वैराग्य साधने मुक्ति, से आमार नय!
असंख्य बंधन माझे महानंदमय लभिब मुक्तिर स्वाद।

—गीतांजलि

हम सत्ता-सागर के वक्षःस्थल पर बहनेवाले तृण नहीं। उस सागर की गति का वेग निश्चित करने में हमारा बहुत बड़ा भाग है। संसार में सामंजस्य स्थापित करना हमारा मुख्य उद्देश्य है। ईश्वर चाहता है कि हम नितांत दूध पीनेवाले बच्चे न बने रहें। वह संसार को एक ओर चलाने की शक्ति रखते हुए भी हमारी पुष्टि और वृद्धि के लिए अपनी अपरिमित शक्तियों का संकोचन किए रहता है। हमें क्रिया-परायण और उद्यमशील देखकर वह प्रसन्न होता है। वह कभी नहीं चाहता कि आश्रित जीव निरे मिट्टी के पुतले बने रहें। निष्क्रिय मिट्टी के पुतलों का ईश्वर होना कोई गौरव का विषय नहीं।

कर्म को छोड़ना ही बंधन में पड़ना है। कर्म के त्याग से ही पानी के ऊपर बहते हुए क्रिया-शून्य तृण की भाँति हमारी दशा हो जाती है। इससे और अधिक बंधन क्या हो सकता है? फिर कर्म करने से बंधनों की रस्सी टूट जाती हो, ऐसा भी नहीं। चोरी भी तो एक कर्म है, पर चोर को पाप से छुटकारा नहीं मिलता। जो कर्म संसार में अनेकता का भाव पैदा करते हैं, वे

संसार में सामंजस्य स्थापित करने में अक्षम रहते हैं। वे व्यष्टि को समष्टि से अलग कर उसे समष्टि-जन्य यथेष्ट बल के लाभ से वंचित कर देते हैं। उसकी शक्तियों का पूर्ण विकास नहीं होने पाता। नीच स्वार्थ-साधन के निमित्त किए हुए कर्म-जल-कण को सागर से पृथक् करने की चेष्टा करते हैं। सागर से पृथक् होकर जल-कण गतिहीन हो जाता है—यही परम बंधन है। व्यष्टि का समष्टि से अलग होना असाम्य को बढ़ाता है। असाम्य द्वारा समष्टि और व्यष्टि दोनों ही का संबंध-तंतु क्षीण हो जाता है। शक्तियों का यथेच्छ एवं यथोचित विकास न होना ही बंधन है। कमी के संकोच द्वारा मोक्ष नहीं मिल सकती। फिर मोक्ष किस कर्म से मिलता है, वह किस प्रकार की होगा और कब मिलेगा ?

जिन कर्मों का मूल केवल स्वार्थ-साधन में संकुचित नहीं हो सकता, जो कर्म सत्ता-सागर के जल-कणों में सामंजस्य स्थापित कर संसार-सागर की उन्नति के विकास में योग देते हैं, वे ही कर्म मोक्षप्रद हैं। समष्टि की उन्नति में ही व्यष्टि की भी उन्नति है। व्यष्टि समष्टि से अलग होकर अपनी स्थिति नहीं रख सकती। समष्टि ही व्यष्टि की सच्ची आत्मा है। समष्टि के लिए जो कर्म है, उसी में सच्चा स्वार्थ है।

समष्टि के योग से जो व्यष्टि की क्रियाएँ होती हैं, वे ही उसकी शक्तियों को यथोचित रीति से विकसित करने में समर्थ होती हैं। वे ही उसकी संकीर्णता और परिमितता को छिन्न-भिन्न कर सकती हैं। कर्म की व्यष्टि को समष्टि से मिला देते हैं। वे ही उसके जटिल बंधनों को तोड़ने में समर्थ होते हैं। वे ही कर्म उसे ईश्वर के निकट पहुँचाने में समर्थ होते हैं, और वे ही ईश्वर तथा मनुष्य के संकल्पों की एकता कर मनुष्य की परिमितता को छुड़ा देते हैं। यह मोक्ष स्वार्थ का मोक्ष नहीं, समष्टि का मोक्ष है। फिर यह मोक्ष कोई दूरवर्ती वस्तु भी नहीं। इसका अनुभव तो प्रत्येक सत्कार्य करते समय होता रहता है। यदि मोक्ष प्राप्त करना है, तो सत्कार्यों की ओर रुचि बढ़ाना चाहिए। मोक्ष दुर्लभ नहीं, न इसके लिए बहुत काल तक ठहरना पड़ेगा। मनुष्य होते हुए भी हम अपनी परिमितता छोड़ सकते हैं। ईश्वर के सान्निध्य में पहुँच सकते हैं।

उसके अनुभव से अपने अनुभव के साम्य का सुख और आनंद भोग सकते हैं। सच्चा ऐक्य एकता संबंधी ज्ञान की भित्ति पर क्रिया करने में है। क्रिया में ही सच्चा अनुभव है। साम्यमय क्रिया ही सच्ची निष्क्रियता है। स्वार्थ ही बंधन है और निस्स्वार्थता मोक्ष। विश्वात्मा के अनुभव में अपना अनुभव मिला देना, सबके साथ निर्वैरभाव ही नहीं, आत्मभाव रखना और पूर्ण शांति तथा साम्य का उत्तरोत्तर आनंदमय अनुभव करते रहना ही मोक्ष है। चाहे वह मरणोत्तर हो, चाहे मरण–पूर्व। मोक्ष के लिए मरना आवश्यक नहीं, वह बिना मरे ही मिल सकती है। फिर निराशा क्यों?

□

संघर्ष

अक्रोधेन जयेत्क्रोधमसाधुं साधुना जयेत्;
जयेत्कदर्य दानेन जयेत्सत्येन चानृतम्।
कर्म चैतद्धि साधूनामसाधुं साधुना जयेत्;
धर्मेणा निधनं श्रेयो न जयः पापकर्मणा।

यद्यपि सभी युगों में थोड़ा-बहुत संघर्ष रहा है, तथापि इस युग में संघर्ष की मात्रा अधिक है, संघर्ष विश्वव्यापी हो रहा है। कोई ऐसा क्षेत्र नहीं, जो संघर्ष से खाली हो। धर्म का उदय मानव-समाज में ऐहिक और पारलौकिक शांति के लिए हुआ था, किंतु आजकल धर्म अशांति का केंद्र बन गया है। जो लोग धर्म से उदासीन हैं, वे भी शांत नहीं रहते। वे लोग अपनी उदासीनता को ही एक धर्म बनाकर एक प्रतिद्वंद्वी मत खड़ा कर देते हैं। भारतवर्ष में तो हिंदू-मुसलिम झगड़े जातीय जीवन पर कुठाराघात कर रहे हैं। विरोधी धर्मवाले तर्क और युक्ति को छोड़कर लाठी-डंडों का सहारा लेते हैं, एक-दूसरे को हानि पहुँचाने ही में धर्म की इति-कर्तव्यता मानते और मिथ्याभिमान के कारण वास्तविक हित का बलिदान करने में गौरव और बुद्धिमत्ता समझते हैं। बहुत से सामाजिक झगड़े भी धर्म की भित्ति पर खड़े हुए हैं। प्राचीनता-नवीनता का विवाद भी धर्म के सहारे ही चल रहा है। एक ओर नवीनता का घोर विरोध किया जाता है, तो दूसरी ओर प्राचीनता को ही देश की अवनति का कारण बतलाया जाता है। प्राचीन लोग यह भूल जाते हैं कि जिसे वे आज प्राचीन कहते हैं, कभी वही नवीन था; और नवीन लोग इस बात पर ध्यान नहीं देते कि उनकी संतान उन्हें ही प्राचीन और दकियानूसी खयाल का बतलावेंगे।

सामाजिक क्षेत्र में जाति-पाँति और स्त्री-पुरुष संबंधिनी समस्याएँ मानवजाति को युद्धस्थली बनाए हुए हैं। वास्तव में लोग वंश-परंपरागत अधिकारों की रक्षा कर रहे हैं। जिसे जो अधिकार प्राप्त हैं, वह उन्हें सहज में नहीं छोड़ना चाहता। सारा धर्म छुआछूत और जाति-पाँति पर अवलंबित हो रहा है। स्त्री-पुरुषों में समता का ही प्रश्न नहीं है, वरन् एक दल दूसरे दल को पीछे हटाकर आगे बढ़ना चाहता है। वैवाहिक बंधन शिथिल हो गए हैं। भारतवर्ष में भी तलाक और स्वतंत्र प्रेम के पक्ष में आवाज उठाई जा रही है। दूसरी ओर परदा-प्रथा के पक्षपाती स्त्री-शिक्षा तक का विरोध कर रहे हैं। औद्योगिक तथा राजनीतिक क्षेत्रों में और सब जगहों से भी बुरा हाल है। पूँजीपति लोग समझते हैं कि रुपया ही स्बसे बड़ी संचालन-शक्ति है, बिना रुपए के सब काम पड़े रहते हैं। उधर मजदूर लोग यह समझते हैं कि वे ही सच्चे उत्पादक हैं। उनके बिना धन अनुत्पादक रहता है। राजनीतिक क्षेत्र में भी अधिकारों का प्रश्न है। प्राप्त अधिकारों को कोई नहीं छोड़ना चाहता। विजित जातियाँ मनुष्यों के समान अधिकारों की दुहाई देती हुई कहती हैं कि वे बंधनों में कब तक जकड़ी रहें और विजेतागण अपने को विजित लोगों का हित-रक्षक बताते हुए इन बंधनों को रक्षा के साधन और उन्नति के विधायक सिद्ध करते हैं। अंतरराष्ट्रीय संघर्ष भी कुछ कम अशांतिजनक नहीं। निरस्त्रीकरण के वार्त्तालाप से वायुमंडल व्याप्त हो रहा है, किंतु युद्ध के नित नए साधन तैयार होते जाते हैं। 'मुँह में राम, बगल में ईंट' की बात चरितार्थ होती सी दिखाई पड़ती है। आर्थिक उन्नति के लिए धर्म और न्याय की उपेक्षा की जाती है। जो स्वार्थ व्यक्तियों में संघर्ष का कारण है, वही जातियों में खींचातानी उत्पन्न कर रहा। यद्यपि मनुष्य जाति ने नख-दंत आदि स्वाभाविक अस्त्रों को त्याग दिया है, तथापि अब उनसे भयानक और तीव्र अस्त्र तैयार कर लिये हैं। जितना ही ज्ञान बढ़ता जाता है, उतनी ही प्रतिद्वंद्विता में वृद्धि हो रही है। व्यापारिक प्रतिद्वंद्विता भी गोला-बारूद से कम घातक नहीं। बेकारी भी दिन-प्रति-दिन भीषण रूप धारण करती जाती है। बढ़ती हुई आवश्यकताओं के अनुकूल आय नहीं है। असंतोष क्रोध और क्रूरता को बढ़ा रहा है। क्रोध की अग्नि

जब प्रज्वलित हो जाती है, तब सहज में नहीं बुझती। वायुमंडल संकुचित और विषाक्त बनता जा रहा है। साँस लेने से दम घुटता सा मालूम होता है, फिर आशावाद के लिए क्या स्थान?

आशावादी जो कुछ हो चुका है, उसकी ओर देखता है, जो कुछ नहीं हुआ, उसे देखकर निराश नहीं होता। इतना ही नहीं, मनुष्य की असफलता उसके उद्योग को जारी रखने में सहायक होती है। मानव-जाति की उपर्युक्त समस्याएँ ऐसी नहीं, जो सावधानी से विचार करने पर हल न हो सकें । यद्यपि मनुष्य में स्वार्थ की मात्रा अधिक है, तथापि अनुभव यह बतलाता है कि सच्चा स्वार्थ निस्स्वार्थता में है। संकुचित स्वार्थ स्वार्थ का ही घातक होता है। मनुष्य में जहाँ घृणा के भाव हैं, वहाँ सहानुभूति और सामाजिकता भी है। सतशिक्षा की आवश्यकता है। अभी तक लोग दूसरों को नीचा समझने में अपनी उच्चता मानते हैं; किंतु अब, जैसे-जैसे ज्ञान का विस्तार होता जाता है, एक को दूसरे की योग्यता का परिचय मिलता जाता है। संसार के साहित्यिक एक-दूसरे के निकट आते जा रहे हैं। आपके साहित्यिक यद्यपि राजनीतिक क्षेत्र में नहीं हैं, तथापि अपनी रचनाओं द्वारा दूसरी जातियों में आपका मान बढ़ाकर बड़ा राजनीतिक कार्य कर रहे हैं।

मानव-जाति में वृष्णि-वंशियों की भाँति आपस में कट-मरने की प्रवृत्ति अवश्य है, किंतु उसमें आत्मरक्षा की भावना भी बलवती है। सच्ची आत्मरक्षा दूसरों को दबाकर रखने में नहीं है; क्योंकि दबा हुआ मनुष्य कभी मित्र नहीं बन सकता। मानवजाति इन सिद्धांतों को समझती जा रही है। हाँ, इन सिद्धांतों का प्रचार अभी यथेष्ट रूप से नहीं हुआ है, किंतु यह निराशा की बात नहीं है। विचार-क्षेत्र में सिद्धांत के प्रकट होने में भविष्य के लिए शुभाशा है। ये सिद्धांत केवल जातियों के सुधार के अर्थ ही विचार-क्षेत्र में नहीं आए हैं वरन् व्यक्तियों के सुधार में भी ये काम में लाए जा रहे हैं। दंड-विधान बदला लेने के लिए नहीं रखा गया है, वरन् अभियोगी के सुधार के लिए। दुष्कर्म करने की प्रवृत्ति अब एक मानसिक रोग समझा जाने लगा है और उसकी चिकित्सा के साधन ढूँढ़े जा रहे हैं। जिस प्रकार व्यक्ति के मनोविज्ञान ने व्यक्तिगत रोगों

की चिकित्सा में बड़ी सहायता पहुँचाई है, उसी प्रकार सामूहिक मनोविज्ञान का अध्ययन जातियों और संगठित समूहों के दंभ, घृणा आदि रोगों को कम करने में सहायक होगा। राजनीतिक और अंतरराष्ट्रीय समस्याएँ यद्यपि बहुत जटिल हैं, तथापि दृष्टिकोण के बदलने से वे सहज में सुलभ हो जाएँगी। अभी तक ये समस्याएँ बिल्कुल दूकानदारी के सिद्धांतों पर चल रही हैं। व्यापार के भी सिद्धांत बुरे नहीं, किंतु व्यापार उच्चकोटि का भी होता है और नीचे दर्जे का भी। जिस प्रकार व्यापारिक व्यापार में सचाई आती जा रही है, उसी प्रकार राजनीतिक व्यापार में भी सचाई स्थान पाती जा रही है। सत्य की सदा जय होती है, किंतु कभी-कभी जरा देर लग जाती है। अभी व्यापार-नीति से चलकर न्याय और धर्म-संबंधिनी उदार-नीति की शिक्षा ग्रहण करना है। धर्मनीति में दो पक्ष नहीं रहते। एक ही पक्ष को दूसरे पक्ष का वास्तविक हित देखने का उत्तरदायित्व लेना पड़ता है। दूसरे पक्ष के वास्तविक हित देखने में अपना स्वार्थ त्यागना पड़ता है। इसके लिए शिक्षा की आवश्यकता है। वह शिक्षा हमें स्वयं देनी चाहिए। स्वयं चरित्रवान् बनकर दूसरों को भी शिक्षा दे सकते हैं। साम्य स्थापित करने के लिए परस्पर आदान-प्रदान अपेक्षित है। पहले स्वयं दान करना चाहिए, फिर दूसरों से प्रत्युपकार की आशा रखनी चाहिए। निष्काम कर्म किया जाए, तो सबसे अच्छा हो। सज्जनता कभी निष्फल नहीं जाती।

अन्य समस्याएँ भी परस्पर आदान-प्रदान से हल हो सकती हैं। यद्यपि धर्म में अंधविश्वास के लिए अब भी गुंजाइश है। हम आदर का व्यवहार चाहते हैं, हम उदारता चाहते हैं, हम अपने जीवन में सरसता चाहते हैं, हम अपने में प्रेम और दया की स्निग्धता और आर्द्रता देखने को उत्सुक हैं। यही धार्मिक भाव है। यदि हम अपने ईश्वर को व्यापक रूप में देखना चाहते हैं, तो ईश्वर की संतान से विरोध नहीं कर सकते। यदि दूसरे अज्ञानांधकार में हैं, तो हमें चाहिए कि उन्हें ज्ञान का प्रकाश दिखलावें, न कि अपने अज्ञान से उनका अज्ञान द्विगुणित कर दें। प्राचीन-नवीन का भी झगड़ा उदारता की अपेक्षा रखता है। प्राचीनों को यह खयाल करना चाहिए कि संसार परिवर्तनशील

है। समय की गति किसी के रोके नहीं रुकती, किंतु वे लोग उस परिवर्तन को उच्छृंखलता में परिणत होने से रोक सकते हैं। नवीनों को भी इस बात को मानना पड़ेगा कि हमें नवीन इमारत पुरानी नींव पर ही बनानी है। हमें उन्नति अवश्य करनी है, परंतु एक क्रम से। केवल परिवर्तन से कोई अर्थ नहीं सधता, हमें उन्नति चाहिए। उन्नति में क्रम और विकास रहता है। क्रम में पूर्वापर संबंध का विच्छेद नहीं होता। हमें चाहिए कि हम अपना जातीय व्यक्तित्व रखते हुए उन्नति करें।

जाति-पाँति की समस्या में हमें पहले समझ लेना चाहिए कि कोई जन्ममात्र का अधिकार स्वीकार करने को तैयार न होगा। यदि हम दूसरों से आदर चाहते हैं, यदि हम चाहते हैं कि दूसरे हमें पूजें, तो हमें अपने गुणों से, अपने प्रेम से और सहानुभूति से दूसरों के हृदय में स्थान प्राप्त करना चाहिए। पतितों को भी चाहिए कि हम जिनकी समता चाहते हैं, उनकी समता के योग्य बनें। दोनों ही ओर योग्यता की आवश्यकता है। बिना योग्यता के अधिकार नहीं मिलता। हाँ, मनुष्य-मात्र के अधिकार सबको प्राप्त हैं। व्यक्ति चाहे योग्य हो, चाहे अयोग्य, उसे अपनी नैतिक आवश्यकताओं की पूर्ति का अधिकार है।

स्त्री-पुरुष-समस्या का मूल कारण यह है कि पुरुष स्त्रियों को अपनी स्वार्थ-सिद्धि का साधन समझते हैं। स्त्रियाँ भी प्राय: ऐसा ही समझने लगी हैं। विवाह अब आध्यात्मिक सहयोग का साधन नहीं रहा। विवाह का आधार इंद्रियों का आकर्षण हो गया है, मन का आकर्षण नहीं। यही तलाक और स्वतंत्र प्रेम का कारण है। इसमें भी शिक्षा की आवश्यकता है। दृष्टिकोण को धार्मिक बनाने से सारी समस्याएँ हल हो सकती हैं। 'आत्मवत्सर्वभूतेषु' मानना ही सच्ची धार्मिकता है।

यह आशावाद अकर्मण्यता नहीं है। असंतोष क्रिया का प्रेरक अवश्य होता है, किंतु उसके साथ आशा और विश्वास की आवश्यकता है। यदि हमें मनुष्य-जाति की उच्च संभावनाओं में विश्वास नहीं, तो सारी शिक्षा निकल ही जाती है। उद्योग भी हलका पड़ जाता है। जो श्रद्धा और विश्वास धर्म में आवश्यक हैं, वे कार्यक्षेत्र में भी अपेक्षित हैं। मनुष्य-जाति की उच्च

संभावनाओं में विश्वास रखते हुए हम अपने कार्य को उत्साहपूर्वक कर सकते हैं। संसार संघर्षमय अवश्य है, किंतु हम कम-से-कम अपने अंश में संघर्ष को कम कर सकते हैं। हमारी सद्‌भावनाएँ निष्फल नहीं जाएँगी। लगन के आगे कोई प्रतिबंध नहीं ठहरता। हम समाज के जीवित केंद्र हैं, हम समाज की गति में अंतर ला सकते हैं। हमारे विचार दूसरों को प्रभावित करते हैं। यदि बुरी बातें संक्रामक हैं, तो अच्छी बातें भी संक्रामक हो जगद्‌व्यापिनी बन सकती हैं। फिर निराशा क्यों?

□

विफलता

मा! मेरे जीवन की हार
तेरा मंजुल हृदय-हार हो।

—सुमित्रानंदन पंत

संसार में मनुष्य सबकुछ होता हुआ भी कुछ नहीं है। वह सोचता कुछ है और होता कुछ है। उसके मनोरथ मन के अर्थ अथवा रथ रह जाते हैं, जिन पर बैठकर वह चक्कर लगाता रहे, किंतु हाथ कुछ न आवे। वह परिश्रम करता है, किंतु उसका फल कुछ नहीं होता। कभी-कभी तो नेकी करते बुराई हाथ लगती है; होम करते हाथ जलता है। रंग में भंग होना जीवन के प्रत्येक दिन का अनुभव है। स्कूल और कॉलेजों की परीक्षाओं में तो विफलता साधारण सी बात है, किंतु जीवन की परीक्षाओं में विफल होना बड़ा ही व्यापक महत्त्व रखता है। जरा सी भूल में सारे जीवन की तपस्या भ्रष्ट हो जाती है—सारी आशाओं पर पानी पड़ जाता है। कभी-कभी तो अपनी भूल भी नहीं होती। विधि के चक्र में पड़कर यही कहना पड़ता है कि 'लिखत सुधाकर लिखिगा राहू।' हम सुधार के लिए कमर कसकर खड़े होते हैं, किंतु या तो हम स्वयं प्रलोभनों में पड़ जाते हैं अथवा हमारे साथी प्रलोभनों में पड़कर हमारा साथ छोड़ देते हैं, और हमारी सारी योजनाएँ धूल में मिल जाती हैं। हम कल्पना के उच्चतम शैल-शिखर से गिरकर वास्तविकता के अंधकारमय गर्त में गिर पड़ते हैं। हमारे साम्राज्य के स्वप्न वर्षाकालीन बादलों की भाँति छिन्न-भिन्न हो जाते और क्षण भर में हम राजा से रंक

बन जाते हैं। आशावादियों का स्वप्निल संसार चाहे जितना दिव्य हो, किंतु वास्तविक संसार बड़ा कर्कश, अत्यंत कठोर है। उसमें पद-पद पर आपत्ति और विफलता का सामना करना पड़ता है। परंतु आशावादी को उस कठोरता में हीरक-खंड की द्युति दिखाई देती है, उसकी आशा पारस-मणि का काम करती है, उसके स्पर्श से लोहा भी स्वर्ण बन जाता है। केवल कल्पना ही में नहीं, वरन् वास्तविकता में भी उसका संसार बदल जाता है। उसके लिए हार ही जीत बन जाती है, उसे विफलता में ही सफलता दिखाई पड़ने लगती है। उसका मुख-कमल प्रसन्नता से खिला रहता है। हार में हमें मानव-शक्ति का परिचय मिलता है। विफलता द्वारा ही हमें यह ज्ञात होता है कि संसार में और भी शक्तियाँ हैं, और हम उनसे टक्कर लेकर उन्हें अपने अनुकूल बनाने का यत्न कर रहे हैं। यदि हमारा आदर्श ऊँचा है, तो विफलता केवल यही बतलाती है कि अभी संसार हमारे साथ चलने को तैयार नहीं है और अभी हममें और हमारे वातावरण में पूर्ण साम्य स्थापित नहीं हुआ। विफलता हमारे आदर्श की उच्चता की द्योतक है। जो हम होना चाहते हैं, वह महत्त्व रखता है; जो हम नहीं हो सके, उसका अधिक मूल्य नहीं। हाँ, इतना प्रश्न अवश्य है कि हमने अपना यत्न पूरे तौर से किया या नहीं। यत्न न करना, आलस्य में पड़े रहना, अपनी न्यूनता का दोष दैव के सिर मढ़ना अथवा लक्ष्य ही नीचा रखना निंदास्पद बातें हैं। यत्न करने पर यदि सिद्धि न हो, तो हमारा दोष नहीं। उस असफलता में हमारा गौरव है। विफलता एक प्रेरक शक्ति है। विफलता मनुष्य को मिथ्याभिमान से, जो उन्नति में बाधक होता है, बचाती है। जो लोग आशु सफलता प्राप्त कर लेते हैं, वे चौमासे की लता की भाँति शीघ्र ही बढ़कर सूख जाते हैं। इसका यह अभिप्राय नहीं कि जल्दी सफलता प्राप्त करना बुरा है; वरन् यह कि सफलता चाहे जल्दी हो चाहे धीरे, चिरस्थायिनी होनी चाहिए। विफलता हमारी अयोग्यता को प्रकाश में लाकर हमें साफल्योन्मुख बनाती है। कभी-कभी विफलता हमें यह भी बतला देती है कि हमने जो मार्ग चुना है, वह ठीक नहीं है, विफलता नवीन मार्गों की खोज में सहायक होती है। विफलता की कुंजी से नए द्वार खुल जाते हैं। विफलता द्वारा धैर्य परीक्षा की

अग्नि में पड़कर तप्त स्वर्ण की भाँति देदीप्यमान हो उठता है। 'आपतकाल परखिए चारी—धीरज, धर्म, मित्र अरु नारी।' विफलता द्वारा हमारी शक्ति बढ़ती है। विफल होना पाप नहीं; हाँ, विफल होकर निरुद्योग बैठ रहना अवश्य निंदनीय है। जो लोग विफलता का महत्त्व नहीं जानते, वे ही विफलता से निराश होते हैं। यदि विफलता हमारी न्यूनता के कारण है, तो हमें वह न्यूनता पूरी करनी चाहिए, और यदि दूसरों की प्रतिकूलता के कारण है, तो दूसरों को अनुकूल बनाना चाहिए। विफलता से दुःखित न होना हमारे प्रतिद्वंद्वियों को विफल बना देता है। यदि लोग हमारे मार्ग में रोड़ा अटकाना चाहते हैं और हम उससे विचलित नहीं होते, तो हमारे विरोधी हतोत्साह हो जाते हैं। उनका मनोरथ सिद्ध नहीं होता। पराजय में हमें विचलित नहीं होनी चाहिए, किंतु हमारा पक्ष ऐसा न हो, जिससे हमें लज्जा आवे। सत्य पक्ष में पराजित होना भी गौरव की बात है, असत्य पक्ष ग्रहण करनेवाले स्वयं विजेता ही की नैतिक पराजय हो जाती है। पीड़ा देनेवाले की अपेक्षा पीड़ित का नैतिक मूल्य अधिक होता है। पीड़ित का नैतिक मूल्य उसे संसार की दृष्टि में ऊँचा कर देता है। पीड़ा देनेवाला भी स्वयं लज्जित होने लगता है। हमें अपनी हानि में ही अपना लाभ समझना चाहिए। जितना हमने दूसरे से छीना है, वह हमारे गौरव का विषय नहीं, वरन् वह है, जो हमने दूसरों को दिया है।

पराजय और आपत्तियाँ हमारा नैतिक महत्त्व प्रमाणित करती हैं, वे हमारी शक्ति की वर्धक हैं। पराजय और विफलता हमारी भावी उन्नति की साधक शक्तियाँ हैं, वे सफलता देवी के स्वर्ण-रथ को खींचकर हमारे द्वार पर खड़ा कर देंगी, और यदि हम अपनी संलग्नता को नहीं छोड़ेंगे, तो स्वयं सफलतादेवी हमारे गले में जयमाला डालकर हमें वरेंगी। फिर निराशा क्यों?

□

चिर-वसंत

'सर्वं प्रिये चारुतरं वसन्ते'—वसंत-ऋतु में सभी पदार्थ मनोमोहिनी शोभा धारण कर मनुष्य के चित्त को चलायमान कर देते हैं। केवल मनुष्य का चित्त ही चलायमान नहीं होता, बल्कि सारी चराचर सृष्टि में ऋतुराज के स्वागतार्थ क्रिया की स्फूर्ति होने लगती है। वृक्ष और लताएँ हर्षोत्फुल्ल होकर अपने सुंदर अंगों को नूतन पल्लवों के विकास से पुलक-पल्लवित बना लेती हैं। शीतल-मंद-सुगंध वायु का सुखद संचालन, विविध, विचित्र विहंगों का सरस कलरव और पशुओं की भाँति-भाँति की केलि, ये सब क्रिया-संचार की साक्षी हो रही हैं। फूल नवसृष्टि की प्रसन्नता में फूल उठते हैं। चारों ओर हर्ष और उत्साह का साम्राज्य स्थापित हो जाता है। 'ऋतूनां कुसुमाकरः'—इन अर्थपूर्ण शब्दों द्वारा श्रीकृष्ण भगवान् ने भी इस ललित, कलित वसंत ऋतु की महत्ता और गरिमा बतलाई है।

क्या हम इस वसंत को चिरस्थायी बना सकते हैं? हाँ, हम अपने सद्‌भावों द्वारा बीत जानेवाली ऋतुओं की गति फेर सकते हैं।

जिसके हृदय में प्रेम है, उसे सब वस्तुएँ परमप्रिय दिखाई पड़ती हैं। उसके लिए काल विशेष की आवश्यकता नहीं। प्रेमांध को श्रावण मास के अंधे की भाँति दिग्दिगंत में निराली हरियाली ही दृष्टिगोचर होती है। उसके लिए प्रेमास्पद वस्तु की प्रत्येक बात नवीनता, प्रफुल्लता और सौष्ठव धारण कर लेती है। उसके हृदय-क्षेत्र में उगे हुए उज्ज्वल अंकुर कभी नहीं कुम्हलाते। वे दिन दूना रात चौगुना वृद्धिगत होते रहते हैं। जिस हृदय में प्रेम वसंत अपनी

बहार दिखा रहा है, उसमें से सत्क्रियाओं के स्रोत निशिवासर बहते रहते हैं। जिसके हृदय में परोपकार करने की लालसा लगी हुई है, उसके लिए कोई भी मुहूर्त बुरा नहीं। क्रियावान के लिए कोई भी विघ्न नहीं। उसके लिए कंटक भी कुसुम बन जाते हैं। सारा संसार आशा के मधुर फलों से सुसज्जित दिखाई पड़ने लगता है। यही है—चिर-वसंत-मधुर मधुमय मधुमास!

इस चिर-वसंत में विहार करने के लिए हमें कहीं दूर न जाना पड़ेगा। किंतु रुचिर चिर-वसंत के शुभागमन से पूर्व ही हमारे हृदयोद्यान में वैमनस्य, आलस्य, निराशा, दुर्बलता, क्रोध, लोभ, भ्रांति, दंभ, द्रोह, द्वेष, मात्सर्य, अहंकार आदि अवगुणों के पतझड़ की आवश्यकता है। यदि आप एक बार विश्व प्रेम को अपने हृदय सिंहासन पर स्थान प्रदान करने का दृढ संकल्प करेंगे, तो सारी क्षुद्रता अपने आप ही जाती रहेगी। जब नई-नई पत्तियों का भीतर जोर होने लगता है, तब सूखी पत्तियाँ आप-ही-आप गिर जाती हैं। एक बार इस चिर-चारु-वसंत को अपने हृदयोद्यान में बुलाइए, फिर तो इसका राज्य अटल हो जाएगा। आप में बल का संचार होने लगेगा। सारी सृष्टि सुषमामयी बन जाएगी। परमानंद की त्रिविध बयारि आपके उत्साह और आशा को बढ़ावेगी। आपको चारों ओर से सफल-मनोरथ होने का आशीर्वाद मिलने लगेगा।

वसंत के आ जाने पर पतझड़ की ओर कोई ध्यान भी नहीं देता। एक बार प्रेम-वसंत की स्थापना हो जाने पर फिर सब पिछली निराशाएँ नाम-शेष रह जाएँगी।

यदि इस समय पतझड़ हो रहा हो, तो आशा मत छोड़ो। पतझड़ ही वसंत की सुहावनी सूचना है। वसंत अपने समय पर आवेगा। हम अपने दृढ संकल्प द्वारा उसे शीघ्र ही निमंत्रित कर सकते हैं, उसे एक बार बुलाकर सदा के लिए रोक रखने में समर्थ हो सकते हैं। यह चिरकाल-पर्यंत हमारे हृदय में नए-नए भावों और शुद्ध संकल्पों को अंकुरित करता रहेगा। वे सब सद्भाव शीघ्र ही सत्क्रिया में परिणत होकर फलवान् होते रहेंगे।

हमें केवल उत्साह और आत्मविश्वास की आवश्यकता है। यदि ऋतुराज

के स्वागतार्थ हमारे पास ये दो अमूल्य रत्न वर्तमान हैं, तो वह हमारे जीवन में पदार्पण करने से संकोच न करेगा। यदि हमें अपने ऊपर विश्वास नहीं, यदि हमारे पास उत्साह की कमी है, तो हमें ऋतुराज को निमंत्रण देने का कोई अधिकार नहीं। यदि हम सदा वसंतोत्सव मनाना चाहते हैं, तो एक बार दृढ संकल्प द्वारा कायरता, हृदय-दौर्बल्य और दीर्घ-सूत्रता को त्यागकर क्रिया-क्षेत्र में प्रविष्ट होना चाहिए। हमारे क्रिया-क्षेत्र में आते ही ऋतुराज का भी आगमन हो जाएगा।

चारु-वसंत के आगमन पर नई-नई संभावनाओं के सुंदर सुमन विकसित होने लगेंगे और फिर वे ही फूल समय पाकर सुंदर रस भरे फल बन जाएँगे।

एक बार इसका सादर स्वागत कर हम सदा के लिए सुखी बन सकते हैं। यह वह अतिथि है, जो सब सुख और संपत्ति का सामान अपने साथ लाता है। वह हमारे यहाँ खाने को नहीं आता, वरन् अपने फल-पुंज से हमें और हमारे संपूर्ण समाज को खिलाता है। ऐसे सर्व-संपत्ति-संपन्न सहृदय अभ्यागत को बुलाने में क्या संकोच? ऐसा अतिथि कहीं मिलेगा, जो अपनी अनंत संपत्ति द्वारा हमारी दरिद्रता और मलिनता दूर कर सदा तुष्टि-पुष्टि करता रहेगा। यदि हम इसका निरादर नहीं करेंगे, यदि हम इसका सहर्ष स्वागत करेंगे, तो यह परम उदारता के साथ हमारे ऊपर हमारा हर्ष और उत्साह बढ़ाने के लिए सदा सफलता रूपी सुंदर सुमनों की वृष्टि करता रहेगा। फिर निराशा क्यों?

□□□